Gertrud Müllen

# Der weite Weg zum Markt

## Eine Eifeler Bäuerin erzählt aus ihrem Leben



ELV

Gertrud Müllen

# DER WEITE WEG ZUM MARKT

## Eine Eifeler Bäuerin berichtet aus ihrem Leben

Hrsg. von Wolfgang Weil und Hans Werner Otto

Eifeler Literaturverlag 2022

## Impressum

1. Auflage 2022

In der Verlagsgruppe Mainz


Printed in Germany

Eifeler Literaturverlag
Verlagsgruppe Mainz
Süsterfeldstraße 83
52072 Aachen
www.eifeler-literaturverlag.de

Gestaltung, Druck und Vertrieb:
Druck & Verlagshaus Mainz
Süsterfeldstraße 83
52072 Aachen
www.verlag-mainz.de

Umschlaggestaltung:
Dietrich Betcher

Lektorat:
Christoph Swiontek

Abbildungsnachweis:
Alle Abbildungen stammen aus dem Privatarchiv von Wolfgang Weil.

ISBN-10: 3-96123-038-2
ISBN-13: 978-3-96123-038-9

*»... wir waren so aufgeregt – und so erging es uns immer wieder, wenn wir später auf unserem weiten Weg zum Markt oder zu den Geschäften wanderten. Wenn man auf der alten Straße den Cochemer Berg runtergeht, da kommt man an diese Kurve, wo man das ganze Moseltal sehen kann. Ganz oft wäre ich am liebsten von dort gar nicht mehr weggegangen. Anfangs kamen mir dort immer vor Freude die Tränen. Die Strapazen des vor allem im Winter doch recht weiten Weges zum Markt waren vergessen. Ich sah die breite Mosel, die Stadt mit den vielen Häusern und die Burg und ich dachte, ich hätte alles, die ganze Welt ...«*

*Gertrud Müllen*

# Inhaltsverzeichnis

# KLEINE UND GROSSE GESCHICHTE

*Vorwort von Wolfgang Weil*

Die Berichte meiner Großmutter Gertrud Müllen schildern den bäuerlichen Alltag in den beiden am südlichen Rand der Vulkaneifel gelegenen Dörfern Filz und Lutzerath, von den 1910er bis in die 1960er Jahre hinein. Sie wurden weitgehend wörtlich aus dem Dialekt ins Hochdeutsche übersetzt und zeigen das ungeschminkte Bild des dörflichen Lebens in jener Zeit: Manchmal ausgelassene Lebensfreude, aber vorwiegend Mühsal, Arbeit und Not. Von den packenden Erzählungen konnten leider nur die Worte eingefangen werden. Ihre Gestik und Mimik während der Gespräche, ihr Schreien und Flüstern, ihre Freude und ihre Tränen machten die vielen Sitzungen zu einem unvergesslichen Erlebnis.

»Kleine« Erzählungen sind immer Bestandteil einer »großen« Geschichte. Diese Zusammenhänge habe ich mit grafisch vom Erzähltext abgesetzten Erläuterungen zu beschreiben versucht – ohne wissenschaftlichen Anspruch. In weiten Teilen der Eifel (wie in manch anderen Mittelgebirgsregionen) setzte sich die bürgerliche Marktwirtschaft erst in den 1950er und 1960er Jahren durch – und damit gut hundert Jahre nach dem Zeitraum, den dazu die Geschichtsbücher pauschal für unser Land angeben. In diesen Jahren, in denen die feudale Ordnung bereits weitgehend zerstört, die neue Marktordnung jedoch noch auf sich warten ließ, nutzten die Bauern ihre Freiheit und kreierten eine ganz eigene Wirtschaftsweise. Das als rückständig zu bezeichnen, trifft nur die halbe

Wahrheit. Dieser weite Weg zum Markt ist die »große« Geschichte, die hier in diesem Büchlein erzählt wird.

Dies alles wurde bereits 1985 zusammengestellt, im Selbstverlag kopiert, gebunden und an Familie und Freunde verteilt. Erst im Jahr 2020 hat der Schriftsteller Hans Werner Otto das Projekt wiederbelebt. Der Interview-Text wurde digitalisiert, alle Kommentare neu verfasst. Damit die genannten Personen nicht zugeordnet werden können, wurden statt Nachnamen typische Hausnamen[1] verwendet, jedoch nicht immer in der korrekten Kombination.

Alle Fotos stammen aus privaten Archiven, wurden bisher nicht veröffentlicht, sind mehr als fünfzig Jahre alt und zeigen nicht mehr lebende Personen aus Filz, Lutzerath und den umliegenden Dörfern.

Je länger ich mich mit dem hier geschilderten Landleben beschäftigte, desto tiefer wuchsen Achtung und Respekt vor den handelnden Personen – vor ihrer Wirtschaftsweise, der oft die Bindung an das Land wichtiger war als Fragen der Effizienz – Achtung und Respekt vor allem aber für meine Großmutter, mit der ich mich als Heranwachsender oft erbittert gestritten und die ich so sehr geliebt habe.

Wuppertal, im Frühjahr 2021
*Wolfgang Weil*

---

1 Hausnamen wurden und werden aus Spitznamen, Berufen, Vornamen oder Nachnamen von früheren Bewohnern des Hauses gebildet. Hausnamen zeigen das Bedürfnis nach langfristigen Kontinuitäten.

# EINE KLEINE MÜHSELIGE WELT

*Vorwort von Hans Werner Otto*

Als Wolfgang Weil mir seine Zusammenstellung der Erinnerungen seiner Großmutter mitsamt seinen Kommentaren zu lesen gab, waren schon fünfunddreißig Jahre vergangen, seit er sie niedergeschrieben hatte. Bei der Lektüre fühlte ich mich – als Wuppertaler – erinnert an »Die kleine, mühselige Welt des jungen Hermann Enters«. In Briefen, die der Auswanderer – geboren 1846 – an seine Familie in Barmen geschickt hatte, schilderte er seinen Arbeitsalltag als Heranwachsender in der Zeit, als Heimweber zu Fabrikarbeitern wurden und im Tal der Wupper etwas einsetzte, was wir später als »Frühindustrialisierung« bezeichneten. Bei ihrer Veröffentlichung im Jahre 1970 erregten sie beträchtliches Aufsehen, wurde hier doch die Situation des Industrieproletariats in der zweiten Hälfte des 19. Jahrhunderts von einem selbst Betroffenen in aller Ausführlichkeit geschildert; am Einzelschicksal konnten die Folgen dieser Zeit des Umbruchs nachvollzogen werden. Die einfache Sprache bot schon jüngeren Schülern Zugang: Generationen wurden und werden Auszüge im Geschichtsunterricht als wertvolle Quelle angeboten.

Wolfgang Weils Großmutter Gertrud Müllen wurde nahezu sechzig Jahre später als Hermann Enters geboren, und auch sie wuchs in einer Phase der Frühindustrialisierung auf: nämlich der, die mit einer Verspätung von zwei Generationen in der Eifel erfolgte. Im Verlauf ihres Lebens fand auch auf dem Land ein gewaltiger Umbruch statt, und ihre Erinnerungen bieten – in vergleichbar einfacher Sprache, in vergleichbarer Anschaulichkeit – so etwas wie ein Pendant zu Hermann Enters' Briefen, hier eben aus der Perspektive der Landbevölkerung. Ihre Darstellungen des bäuerlichen Alltags mit seinen Mühen und vielfältigen Belastungen – insbesondere der Frauen – , den oft archaisch anmutenden Bräuchen, der strengen sozialen Ordnung und den spärlichen Freuden wechseln ab mit beispielhaften, oft heiteren, dann auch traurigen Episoden, in denen sie von Geburten, Heiraten und Tod erzählt, von den Auswirkungen der beiden Weltkriege, die sie miterleben musste, wie vom Einzug der ersten, dann fortwährend perfektionierten landwirtschaftlichen Maschinen. Dabei tritt immer wieder auch eine selbstverständliche Frömmigkeit zutage, die sich aber mit ihrem Glauben an die Kräfte von Hexern und Heiligenaltären gleichermaßen aus einer Naturreligion wie aus den Lehren der Amtskirche zu speisen scheint.

Eine vergangene Welt erschließt sich hier. Es lohnt, ihr nachzuspüren.

*Hans Werner Otto*

# KINDHEIT UND JUGEND

»Wenn einer zu einem Mädchen freien kam, da war der erste Blick immer der Misthaufen. Wenn der groß genug war, dann waren auch viele Kühe im Stall. Wenn der aber klein war, dann konnte es um das Vermögen der Leute nicht weit her sein. Und oft genug war das Verhältnis dann aus. Das ist Tatsache!«

# »... und unsere Möbel standen draußen«

*Hineingeboren in ein Eifeler Dorf*

Ich war ein Siebenmonatskind. Meine Mutter hat die Schweine gefüttert und über die Tür und das Gatter rüber den Schweinen das Futter in den Trog geschüttet. Ein Schwein verfing sich im Eimer und zog daran – meine Mutter am anderen Ende. Dadurch, dass sie mit dem Bauch auf der Tür lag, hat dieser den ganzen Druck abgekriegt. Das war am 23. November 1905. Ich war also eine Frühgeburt. Daraufhin habe ich zu Hause zwei Monate in Watte gelegen. Das mit dem Schwein ist in »Schimmich«[2] passiert, wo Mutter bei ihrem Vater das Haus sauber machte. Mein Opa hat die vier Kinder alleine großgezogen, und so kam es, dass meine Mutter öfters zu ihm ging, um nach dem Rechten zu sehen – natürlich zu Fuß. Und das war ein Weg, bestimmt zehn Kilometer. Geboren wurde ich hier in Filz im Haus von Scholze. Dort wohnten meine Eltern mit dem Bruder meines Vaters, dem »Ihm Pitter«[3]. Es war das zweitälteste Haus in Filz nach dem Haus von »Innermertes«, dann kam die Kapelle und dann das Backhaus. Ich kann mich erinnern, dass damals noch drei Häuser mit Stroh gedeckt waren.

Als der Ihm Pitter dann seine Frau kennen lernte, gab es Streitigkeiten. Daraufhin hat man ums Haus gelost, und mein Vater ist neben das Haus gefallen. Bei schlechtestem Wetter und allem Dreck hat man uns rausgeschmissen, und unsere Möbel standen draußen.

Mein Vater hatte kurz vorher schon damit angefangen, ein neues Haus zu bauen. Aber als wir auf der Straße lagen, hatte er nur den Keller ausgehoben. Den haben wir dann mit Brettern abgedeckt und haben in diesem Loch

2 Schönbach.

3 Ohm = Onkel Peter.

gewohnt. Unsere Möbel standen im Nachbarhaus von Scholze. Es war doch sehr schlimm für meine Eltern, hier zu hausen.

Oh, die Dorfleute haben beim Neubau sehr geholfen. Sonntags waren alle da und haben gemauert. Früher war das immer so gewesen hier aufm Dorf. Unser Haus ist zum Teil aus Bimsstein. Es war das erste Haus in Filz, das teilweise aus Schwemmsteinen gebaut wurde, »mannewäis«[4] habe ich Waffeln gebacken für die Leute, die geholfen haben.

Die Bruchsteine für den Sockel wurden in der alten »Stehnkoul«[5] auf dem Hinnig, am Weg zur Demerather Mühle, oder am Ulmener Weg gebrochen. Den Sand holten sie mit dem Wagen und den Kühen davor aus der Sandgrube am Ulmener Maar. Alle haben geholfen. Das war früher so. Das Haus war fertig, aber noch nicht verputzt – da sind wir eingezogen. Das war 1914. Inzwischen ging der Krieg los und mein Vater wurde eingezogen. Ein alter Mann aus Gefell, der damals schon siebzig Jahre alt war, hat das Haus dann fertiggestellt. Er war ein Kollege von meinem Vater aus dessen Arbeitskolonne. Mein Vater war selbst Maurer gewesen. Nachts hats gefroren, und die Decken haben teilweise nicht gehalten.

Als mein Vater aus dem Krieg kam, hatte meine Mutter noch ein Rind im Stall stehen. Dies ist dann verkauft worden, und damit war das ganze Haus bezahlt. So haben die damals gespart. Mein Vater hat den Wehrsold immer nach Hause geschickt. Allerdings hat früher so ein Haus nur so zweitausend Mark gekostet, je nachdem, wie groß es war.

---

4 Korbweise.
5 Steinkuhle.

# Filz – ein Dorf verändert sich

Filz liegt auf 450 Metern Höhe am Rand der Vulkaneifel, etwa zwanzig Kilometer nördlich der Mosel und zwanzig Kilometer südlich vom Nürburgring. Nach Westen hin fällt die Gemeindegrenze steil ab und erreicht am Üßbach nur noch eine Höhe von 340 Meter. Auch heute noch ist Filz eines der kleinsten Dörfer der Eifel und des Kreises Cochem-Zell. Die Einwohnerzahl hat die einhundert nie überschritten. Die Bevölkerung ist mehrheitlich katholisch. Filz hat einen eigenen Gemeinderat und einen ehrenamtlichen Ortsbürgermeister. In den Zeiten, von denen diese Geschichte berichtet, war der Boden für Kulturpflanzen nur wenig ertragreich, das Klima oft rau und unwirtlich, Spätfroste waren noch Ende Mai keine Seltenheit. Das gesamte Kulturland von ungefähr 120 Hektar, das sich noch bis in die 1960er Jahre sechzehn kleine Bauernhöfe teilten, wird heute von einem einzigen Bauern im Haupterwerb bearbeitet. Pendler nehmen Fahrten bis nach Bonn in Kauf. Einer der wichtigsten Arbeitgeber in der Umgebung ist der Militärflughafen Büchel; dort werden dem Vernehmen nach noch US-Atomwaffen gelagert.

Wesentlich größer und bedeutsamer war und ist die Gemeinde Lutzerath mit heute rund 1400 Einwohnern. Hier waren Bäcker, Metzger, Handwerker, Poststation, Gaststätte, Arzt, Einzelhandel, Amtsverwaltung und Pfarrei ansässig – nichts von dieser Infrastruktur war und ist in der Gemeinde Filz anzutreffen. In der alten Zeit war Lutzerath Pferdewechselstation der Thurn- und Taxis-Postlinie Koblenz–Trier. Beide Orte gehören zur rheinland-pfälzischen Verbandsgemeinde Ulmen, wo auch der Sitz der Verwaltung ist.

Die Schilderungen von Gertrud Müllen leben aus der Kraft des unmittelbar Erlebten und nicht aus den gut gemeinten Projektionen der meist doch verständnislosen Fremden, die eigentlich Freunde sein wollen. Denen sei gesagt: Die Eifel, ihre Landschaft, ihre Geschichte und ihre Menschen haben nichts Besonderes an sich, weder im Positiven, noch im Negativen. Die Eifler sind nicht rückständiger als andere Menschen in ähnlicher Situation, aber auch nicht progressiver. Unterdrückte Klassen haben es nur selten vermocht, für sich eine eigene Kultur und Ästhetik zu entwickeln. Die Befriedigung der unmittelbaren Bedürftigkeit stand hier fast immer im Vordergrund. Auch da unterscheiden sich die Bewohner der Eifel wohl nicht von den Menschen anderer Landstriche. Das können wir bedauern – darf für uns jedoch kein Vorwand sein, ihnen unsere Solidarität zu verweigern.

Wer heute – egal wo in Deutschland – mit dem Auto durch ein nicht touristisch geprägtes Dorf fährt, der könnte zur Ansicht kommen, dass dort niemand mehr lebt. Die Straßen und Höfe sind oft menschenleer. Auch der Anblick der meisten Häuser weckt nicht unser Interesse – wir kennen diese Art bereits aus den Vororten unserer Städte. Viele Dörfer haben »Persönlichkeit« und »Charakter« verloren. Doch wer genauer hinsieht, der entdeckt noch die alten Trierer Langhäuser – meist stammen sie aus dem 19. und der ersten Hälfte des 20. Jahrhunderts. Entstanden sind sie wahrscheinlich auf der Grundlage kurfürstlicher Bauvorschriften aus dem 18. Jahrhundert. Im früher von Trier beeinflussten Kulturraum (Eifel, Saarland, Lothringen) finden sich überall noch diese Häuser, in denen Wohnbereich, Kuhstall, Scheune und Schweinestall auf einer Linie nebeneinander angeordnet und unter einem Dach verbunden sind. Da so Wohn- und Wirtschaftsbereich in ein festes Verhältnis zueinander gesetzt werden, passt diese Bauweise in Bauerndörfer mit ähnlich großen Höfen: Sieben bis acht Menschen – fünf Hektar Land, drei bis vier Kühe, ein paar Schweine, einen Haufen Hühner und ein Stück Wald. Die Langhäuser wurden aus einheimischem

Bruchstein erbaut, die Fenster und Türen mit roten Sandsteinblöcken eingefasst. Um sie herum angeordnet waren jeweils Hühnerauslaufwiese, Nutzgarten, Holzplatz, Schweinesuhle und Innen- beziehungsweise Eingangshof. Das war die gängige Betriebsgröße in den meisten Eifelorten – das Existenzminimum. Kleiner konnten und durften die Höfe nicht werden.

Ganz anders die ab 1960 gebauten Häuser: Kein Wirtschaftsbereich, fremde Baustoffe, große Fensterflächen, individuelle Bauweise – wegen knapper Kassen dann aber doch wieder recht uniform. Das eine sind Bauernhöfe, das andere Wohnhäuser für Menschen in Lohnarbeit – so wie in den Vorstädten. Krasser könnte der Gegensatz kaum sein. Was also ist in der Eifel in den 1950er und 1960er Jahren geschehen?

## »So blieb die ganze Arbeit für mich«

*Kinderarbeit und allgemeine Armut*

Wir drei Kinder, Peter, Katharina und ich, mussten jeden Tag zweimal nach Wollmerath zur Schule – vormittags und nachmittags –, und immer zu Fuß. Fahrräder haben wir damals noch keine gekannt. Im Winter war das besonders schlimm. Da mussten wir die drei Kilometer durch oft hohen Schnee. Da waren wir schon kaputt, wenn wir ankamen. Die Schule habe ich fünf Jahre besucht. Ab dann wurde ich den Sommer, also von Ostern bis Allerheiligen, beurlaubt, um die Landwirtschaft zu übernehmen. Während mein Vater als Maurer unterwegs war, musste ich die ganze Landwirtschaft alleine machen, und ich war damals gerade zwölf Jahre alt. Meine Mutter konnte mir nur selten helfen. Im Sommer bei den Erntearbeiten war mein Vater natürlich zu Hause. Was ich alles machen musste: Den schweren Pflug bin ich gefahren und dabei habe ich noch aufgepasst, dass die Kühe richtig gehen. Mit dem Wagen Futter holen, mit der Egge aufs Feld, das Vieh füttern und melken, die Ställe misten. Am gefährlichsten war das An- und Ausspannen der Kühe. Meine Schwester war immer krank, und mein Bruder war viel zu klein. So blieb die ganze Arbeit für mich.

Ich weiß noch gut, wie ich damals das erste Korn gesät habe, hinten auf der »Äwertskoul«. Das Feld war damals ein Simmersät[6] groß. Mein Vater hatte mir vorher gesagt, wie viel Korn ich nehmen sollte. Nun, da bin ich mit meinem Säsack übers Feld gegangen und habe gesät, bis das Korn alle war. Immer auf den linken Fuß musste man das Korn werfen. Später gingen meine Eltern mal gucken, als das Korn schon aufgegangen war. Bis auf einen Streifen

6 3 Simmersät = 1 Morgen, 4 Morgen = 1 Hektar. Das Feld umfasste also nur etwa 20 x 40 Meter.

war alles einwandfrei, das weiß ich noch. Ich hatte es gut gemacht.

Bei uns zu Hause herrschte an sich keine Armut. Dadurch, dass mein Vater als Maurer unterwegs war und ich die Landwirtschaft betrieb, hatten wir immer etwas Geld und zugleich genug zu essen. Aber im Dorf war die Armut teilweise sehr groß. Da war eine Familie, da konnte der Mann nicht arbeiten gehen, weil die keinen hatten, der die Landwirtschaft weiter gemacht hat. Einmal bin ich da am Sonntagmorgen vorbeigegangen und hab das Mädchen rausgerufen zum Kirchgang. »Oh je«, sagte da die Frau, »lass sie schlafen. Wenn sie nicht wach wird, braucht sie auch nichts zu essen. Ich hab' kein Stück Brot zu Hause.«

Die Leute aus Auderath waren im Februar, März und April so hungrig, dass sie sich von den Filzern Brot und Kartoffeln erbetteln mussten. Auderath war ein ganz armes Dorf. Wenn früher einer keine Arbeit hatte – damals war doch keiner krankenversichert –, da mussten wir alles selbst bezahlen. Ein Arztbesuch von Ulmen hat drei Mark gekostet. Das war sehr viel! Dafür konnte man drei bis vier Pfund Fleisch kaufen. Ein Ferkel haben wir damals, wenn es gut ging, für achtundzwanzig bis dreißig Mark verkauft. Wenn der Wurf groß war, haben wir einiges gehabt. Aber wenn er klein war, dann haben wir die Futterkosten nicht rausgekriegt. Und von dem Geld mussten noch Schuhe, Kleider und so gekauft werden.

Da war der Ihm Pitter, der hatte eine kranke Frau. Da musste immer regelmäßig der Arzt aus Ulmen kommen. Das kostete viel Geld, mehr als unser Ihm Pitter hatte, und so musste er noch viele Felder verkaufen. Aber die Leute hatten früher sowieso zu wenig. Wenn einer da noch was verkaufen musste, der hat wirklich Hunger gelitten. Aber das hat mein Ihm Pitter und seine Familie gern getragen. Aber die Steuern! Da hat ein Mann redlich von morgens früh bis abends spät geschuftet, leidet Hunger für seine Frau und wird dann noch von den hohen Herren verfolgt. Eines Tages wollten sie ihm den ganzen Hof versteigern.

Da saßen mein Vater und meine Mutter und wir Kinder abends am Tisch und waren am Essen. Da ruft auf einmal mein Ihm Pitter den Hausflur rein: »Also macht es gut!« Wir wussten gar nicht, was das sollte, und haben weiter gegessen. Da guckt mein Bruder zum Fenster raus und sieht den Ihm Pitter unten in den Wald reingehen. Wir alle aufgesprungen und ihm nach. Als wir in den Wald kamen, da hatte er schon einen Strick am Baum festgemacht und wollte sich gerade aufhängen.

Was haben die Menschen früher gelitten! Hier was kaputt am Pflug, da fehlte was an der Egge – immer brauchte man Geld. Wenn da aus einer Familie keiner arbeiten konnte, das war sehr schlimm. Und wehe, wenn man die Steuern nicht pünktlich zahlen konnte, das war sehr schlimm. Da war sofort der Spitz[7] da und hat gepfändet. Und wenn im Haus nichts mehr war, dann wurde das Vieh gepfändet und versteigert, oder der Bauer musste sich Geld leihen bei den Wittlicher Juden. Das Vieh war dann deren Besitz, aber die Bauern durften weiter damit arbeiten. Nur die Kälber, die gehörten dem Juden. Das waren dann die Zinsen für das geliehene Geld.

Auch beim Dreschen der Frucht mussten wir mithelfen. Die Garben wurden in der Scheune auf den Boden gelegt. Sie mussten immer parallel liegen, in zwei Reihen mit den Ähren gegenüber. Mit Dreschflegeln wurde dann mit mehreren Leuten im Takt darauf eingedroschen – eins, zwei, drei, eins, zwei, drei. Danach kam alles auf den Rödel. Das war ein Tisch mit einem Lochblech oben. Wenn das dann bewegt wurde, fielen Körner und Spreu durch, auf ein anderes Blech. Das Stroh blieb oben darauf liegen. Die Körner mit der Spreu warf man in die »Fohchmill«[8]. Die Spreu flog dann hinten raus. Und das staubte immer!

Das, was angebaut wurde, reichte kaum aus, um die Familie zu ernähren. Es konnte also nichts verkauft werden.

7 Gerichtsvollzieher.

8 Windfege: die Körner blieben zurück.

Nur ganz selten, wenn etwas übrig war oder wenn man etwas dringend brauchte, was man nicht selbst herstellen konnte, fuhr man nach Ulmen und kaufte sich etwas in einem Geschäft, das Korn als Zahlungsmittel annahm – oder man fuhr mit dem Fahrrad nach Cochem zum Markt. Das war ein weiter Weg und es war anfangs doch recht selten.

## »Ansonsten hat unser Vater den Gürtel abgeschnallt«

Erziehung durch Eltern, Lehrer und Pastor

Früher waren die Eltern viel strenger als heute – viel, viel strenger! Da wurde nicht lange gefackelt, da gab es sofort Prügel, bei fast jeder Gelegenheit. Ich weiß noch, wenn jemand zu Besuch kam, dann durften wir uns am Tisch nicht rühren. Wir mussten stillsitzen und durften keinen Mucks von uns geben. Ansonsten hat unser Vater den Gürtel abgeschnallt und auf uns eingeschlagen. Wenn jemand Fremdes reinkam, mussten wir Kinder sofort rausgehen. Und wehe, wir taten es nicht!

Einen Winter sind wir Kinder den ganzen Abend Schlitten gefahren. Wir sind gefahren und gefahren, so viel Spaß hat es gemacht. Doch wir mussten abends für die Fütterung »dat Hai rõppe«[9]. Das Heu war ja durch die großen Haufen in der Scheune gepresst, und für die Fütterung musste man es unten aus den Haufen rausreißen. Und das hatte ich vergessen, weil es doch so schön war beim Schlittenfahren. Da durfte ich die ganze Woche nicht vor die Tür, nur weil ich »dat Hai rõppe« vergessen hatte.

Ein anderes Mal sollte ich zu Hause die Erbsen kochen, weil meine Eltern bei Hennese im Hause geholfen haben. Dort waren plötzlich Vater und Mutter gestorben, das ganze Dorf half denen mit. Doch ich habe immer mit den Kindern im Dorf gespielt und darüber das Stochen[10] vergessen. Und als es Mittag wurde, waren die Erbsen nicht gar, weil das Feuer ausgegangen war. Da hat meine Mutter geschimpft – die hat geschimpft! So was vergisst man nicht. Wir mussten aufs Wort parieren – von klein an.

9 Das Heu rausreißen.
10 Das Schüren des Ofens.

Und da wurde nicht lange gefackelt, so wie heute. Aber es ist komisch: Wir haben doch wirklich viel Prügel bekommen, aber wir wären trotzdem für unsere Eltern durchs Feuer gegangen.

Unsere Schule fing morgens um acht Uhr in Wollmerath an. Die Schule ging morgens von acht bis zwölf und nachmittags von zwei bis vier. Im Winter haben wir oft einen Essenstopf mitgenommen, der in einem Wollmerather Haus aufgewärmt wurde. Da wäre es zu beschwerlich gewesen, über Mittag noch mal nach Filz zu gehen. Nach der Nachmittagsschule gingen wir – wenn nichts auf den Feldern zu tun war – Kraut ernten mit Sichel, Sack und Hoot[11]. Wenn ich dann nach Hause kam, musste ich abends noch die Schulaufgaben machen. Ich war so gut in der Schule, dass mein Lehrer absolut wollte, dass ich Lehrerin werden sollte.

Wenn nun in der Schule etwas los war, wie an Kaisers Geburtstag, so musste ich immer das Gedicht vortragen:

Der Kaiser ist ein lieber Mann,
er wohnet in Berlin.
Und wär es nicht so weit von hier,
so ging ich heut noch hin.
Und was ich bei dem Kaiser wollt,
ich gäbe ihm die Hand ...

Weiter weiß ich nicht mehr. An Kaisers Geburtstag gab es einen großen Wähk[12], Tanzmusik und Vereinsumzüge, jedenfalls in den großen Dörfern. In Filz gab es für die Kinder nur einen Weckmann. Wenn wir den aufgegessen hatten, sangen wir immer:

Heil dir im Siegerkranz,
wär mäine Wähk noch janz ...

---

11 Kiepe.

12 Weckmann.

Drei bis vier Wochen vorher haben wir in der Schule geübt für diesen Tag, an dem niemand arbeitete, genau wie an Weihnachten. In der Schule, aufm Amt und in der Post, überall hing ein Bild vom Kaiser – fast genau so oft wie unser Herrgott. Der Kaiser war sehr beliebt und ein feiner Mann.

Mein erster Lehrer, Herr Steil, so hieß er, glaube ich, war kein studierter Mann, wie die Lehrer damals überhaupt. In unserer Pfarrei gab es einen Fond, mit dem einem Studenten aus der Pfarrei geholfen werden sollte. Das Geld ging in den 1950er Jahren aus, als ein Bauernsohn aus Filz Pfarrer werden sollte. Wir sind noch in die alte Schule gegangen, unten am Friedhof, die damals noch gut in Schuss war. Der Lehrer konnte mich immer gut leiden. Aber einmal habe ich doch Prügel bekommen. Da haben wir nämlich zwischen Filz und Wollmerath Äpfel geklaut, und der Lehrer hat uns erwischt. Er hat sich extra vor unserem Heimweg von der Schule im Äilebesch[13] versteckt und hat uns aufgelauert, als wir in der letzten Stunde beim Pastor Christenlehre hatten. Oh, was haben wir da alle Prügel bekommen. Aber so war das halt früher. Wenn da jemand was machte, was verboten war, dann gabs sofort Prügel, nicht nur zu Hause, sondern auch in der Schule. Manche Lehrer haben geprügelt, bis der Stock kaputt war. Da durfte keiner einen Mucks von sich geben, bis der Lehrer einen fragte. Für uns war das damals normal, wir kannten ja nichts anderes. Ich weiß noch, dass wir einmal zum Kühehüten am Üßbach einen Liebesroman von meinen Eltern mitgenommen haben. Es waren so Groschenhefte und nichts mit Schweinereien. Wir lagen so im Gras und haben gelesen. Auf einmal sagte eine: »Wenn das der Pastor wüsste.« Denn wir durften nur Bücher lesen aus der Pfarrei. Da kam plötzlich eine Stimme von hinten: »Der weiß es schon, denn der beobachtet euch schon eine ganze Weile.« Wir erschraken, und da stand der Pastor hinter uns wie der leibhaftige

13 Eulenbusch.

Teufel. Ja, es gab ein großes Donnerwetter – auch später in der Schule und zu Hause – und es stellte sich heraus, dass der Pastor jeden Sonntag heimlich die Weideplätze abklapperte, um uns Kinder und Heranwachsende bei unserem Tun zu beobachten. So standen wir früher unter der Fuchtel.

# »Da fiel der ganze Mist ins Zimmer«

*Streiche und Schelmenstückchen*

Streiche haben wir früher viele gespielt, viel mehr als heute. Ich kann mich erinnern: Steemich Liss, die Schwester von der Anna, war hinter Hervste Pitter her. Nun waren die Jungen und Mädchen mal zur Kirmes gegangen. Pitter hatte die Liss aber nicht mitgenommen. Da kam sie zu mir. Ich war damals gerade aus der Schule entlassen, und zur Kirmes durfte man erst ab achtzehn. So gingen wir in Richtung Auderath spazieren und sahen Pitters Pflug unten am Weg stehen. Den haben wir auseinander montiert und die Teile überallhin getragen. Ein Teil bis unten zum Wald bei »Reemichbŏr«[14], eins hier nach Filz und eins nach »Wätland«. Ich hab der Liss geholfen, die zwar den Rang ausgeübt hat – ich war ja nur der Nachläufer – und hatte meinen Spaß dabei. Der Pitter musste einen halben Tag lang suchen, bis er den Pflug wieder beisammenhatte.

Eine Tour, da hatten unsere Nachbarn Zimmerleute: da waren zwei junge Kerle dabei und ihr Vater. Die zwei Kerle waren dauernd hinter mir und der Liss her. »Donnerwetter«, sagte die Liss, »denen spielen wir mal einen Streich.« Wir sind hergegangen und haben den beiden eine Mausefalle unten ins Bett gelegt. Abends haben wir dann unter dem Fenster gelauert, ob sie nicht bald schreien würden. Auf einmal gab das eine Flucherei – da hatten wir die Falle ihrem Vater ins Bett gelegt. Aber da hatten wir nichts mehr zu lachen. Die Kerle haben sich nur noch lustig über uns gemacht.

Da war mal ein Knecht aus Ellscheid, der hat bei Hennese gedient. Es war Heumonat. Der Knecht, Bernd hieß er, hat mit den Filzer Mädchen nicht getanzt, er wollte zu stolz sein – er als Knecht. Die Hennese haben hinter

14 »Römerborn«, eine Quelle.

dem Haus die Fenster sehr tief liegen. Da sind die Filzer nachts hergegangen und haben das Fenster des Knechts voll Mist gesetzt. Am anderen Morgen hat dann die Oma gerufen: »Ei Bernd, steh doch auf!« Es war ja Heumonat, da musste man früh aufstehen, um raus mähen zu gehen. Bernd guckte nur auf und dachte: Es ist ja noch dunkel hier im Zimmer, da kann ich ja liegen bleiben. Da kam die Oma ins Zimmer und sagte: »Es ist ja noch dunkel hier im Zimmer«, ging hin und riss das Fenster auf, und der ganze Mist kam ihr entgegengeflogen. Da fiel der ganze Mist ins Zimmer.

In der Nacht zum ersten Mai haben die Kerle immer Schelmenstückchen gespielt. Dem Hervste Pitter, der immer auf die Jugend geschimpft hat, haben sie mal den Pflug oben aufs Backhaus gesetzt und die Egge noch oben drauf. Das war vielleicht ein Bild! Morgens wollte er die Polizei holen; da haben ihn alle ausgelacht.

Ein Haus hier in Filz, als denen ihr Kerl zur Kommunion ging – die hatten ja nur den einen Schwanz –, da hatten sie auch guten Kuchen gebacken. Der wurde aber gleich versteckt. Diesen Kuchen hatten sie im Schlafzimmer, hinten raus, innen auf die Fensterbank gelegt. Der Kippflügel stand offen. Eins von den Filzer Mädchen hatte das mitgekriegt und erzählte es den anderen. Und sie hantierten so lange an dem Fenster, bis sie es offen hatten. Sie holten die Kuchen schnell raus und kamen zu uns nach Hause, wo wir alles zusammen aufgegessen haben. Am anderen Morgen habe ich die Milchkanne in den Ort gebracht. Früher wurden die Milchkannen noch vorne bei Tele[15] abgeholt. Und wie ich da bei Louxe vorbeikomme, standen da schon Kordels Anna, Mertes Gritt, Hinnigs Stäin und redeten: »Oh Troud, dou kiss richtich.«[16] Da rief der Vater von dem Kerl von unten hoch: »Die Hungerleider da oben müssen noch den Kuchen klauen, damit sie etwas zu essen haben.« Da rief ich ganz laut zu den

15 Name eines Hauses im Dorf.

16 »Oh Trude, du kommst richtig!«

anderen, damit der da unten es auch hören sollte: »Dass ihr euch darüber aufregt. Der faule Sack war in keinem Krieg und ist so faul – er hätte heute noch kein Dach überm Kopf, wenn er nicht geerbt hätte.« Junge, der war aber schnell im Haus verschwunden. Alle anderen sagten daraufhin: »Jetzt sammeln wir das Geschirr zusammen und tragen ihm das runter.« »Ja«, sagte ich, »und einen Haufen Scheißdreck dabei.«

## »Wehe, es kommt eine gebündelt nach Hause«

*Drohungen statt sexueller Aufklärung*

Mit Aufklärung ist bei uns Jugendlichen gar nichts gewesen, von den Eltern nicht und von der Schule erst recht nicht. Wir standen doch so unter der Fuchtel, wir hätten überhaupt nicht gewagt, nach den kleinen Kindern zu fragen. Einmal bin ich mit einer Freundin – als die Kirche aus war – kurz hinter den großen Mädchen hergegangen. Die pisperten sich so etwas zu, ohne uns zu bemerken. Meine Freundin und ich sahen uns an, kriegten rote Köpfe und dachten, der Schlag müsste uns treffen.

Vor dem Hein hatte ich noch einen Freund gehabt, mit dem war ich vier Jahre zusammen. Den hatte ich mit achtzehn kennen gelernt. Von Katzwinkel kam der so alle drei bis vier Wochen sonntags, und abends ging er wieder zurück. Das war ein Weg, bestimmt dreizehn Kilometer. Von soweit kamen sie damals nur selten freien. Aber was das Komische war: er aß nie etwas. Meine Mutter sagte immer: »Der Junge gefällt mir nicht, der isst ja nie!« Einmal sagte sie zu ihm: »Sag mal, ich versteh einfach nicht, dass du nichts isst. Jetzt kommst du schon vier Jahre hierhin und bist bestimmt nicht mehr bei fremden Leuten. Im Allgemeinen heißt es: Was nicht frisst, das taugt nicht.«

Von da an ist er nicht mehr gekommen. Die Zeit war schrecklich für mich. Damals war in Auderath mal Kirmes gewesen, wo ich gerne hinwollte. Aber ich durfte nicht hin, weil noch nicht klar war, ob der Junge aus Katzwinkel nicht doch wiederkommen würde. Ich war eben noch nicht ganz frei. Dazu kam, dass ich kein vernünftiges Kleid hatte. Meine Schwester hatte ein kariertes Kleid, das mir ziemlich eng war. Wenn ich es anhatte, war ich so abgemalt, weil ich immer ziemlich stark gebaut war.

Nachmittags kamen dann die Filzer Jungen und Mädchen und haben auf meine Eltern eingeredet, damit ich mitgehen durfte. Nach einigem Hin und Her durfte ich dann doch mit. Dann sind wir abends alle zusammen losgezogen nach Auderath. Die Mädchen und Jungen gingen früher immer alle zusammen und kamen abends auch wieder zusammen zurück. »Ja, aber um zwölf Uhr bist du wieder daheim«, kam es von meinem Vater. Aber ich war froh, dass ich mitgehen durfte. Und es war so schön auf der Kirmes. Wir tanzten und tanzten, bis auf einmal der Junge, mit dem ich gerade tanzte, sagte: »Guck, da steht dein Vater in der Tür!« Da bekam ich einen Schreck. »Um Himmels Willen«, fragte ich ihn, »wie viel Uhr haben wir denn?« Da sagte der Junge: »Viertel nach zwölf.« Da war ich um zwölf nicht nach Hause, und da ist mein Vater doch glatt mit dem Fahrrad gekommen, um mich nach Hause zu holen. Während des Tanzes noch kam er zu uns und befahl: »Nach Hause!«

Doch der Junge wehrte ab. Er hatte seinen Tanzgroschen[17] bezahlt und wollte den Tanz auch zu Ende tanzen. Das war sein gutes Recht. Aber auf dem Weg nach Hause musste ich ununterbrochen vor meinem Vater herlaufen und er mit dem Fahrrad hinter mir her.

Er sagte immer zu mir und meiner Schwester: »Wehe, es kommt eine gebündelt nach Hause. Die kommt aufn Haublock und kriegt den Kopf abgeschlagen.« Und er meinte das ernst.

Einmal bin ich dann wieder mit nach Wollmerath zur Kirmes. Aber es gefiel mir keiner. Immer musste ich noch an den Jungen aus Katzwinkel denken, bis auf einmal der Hennerich[18] zu mir tanzen kam. So haben wir uns kennen gelernt. Er kam ungefähr ein Jahr zu mir freien. Wir durften nicht zusammen spazieren gehen, wir mussten immer ganz brav bei meinen Eltern sitzen. Oh ja, das war ganz streng. Einmal saß Hein neben mir und hatte seinen

17 Für die Musiker.

18 Heinrich, im Folgenden Hein genannt.

Arm hinter mich auf die Stuhllehne gelegt – noch nicht einmal auf meine Schultern. Da kam mein Vater rein und sagte ganz laut zu meiner Mutter: »Wie sitzt der denn da!« Wir konnten uns nur über allgemeine Sachen unterhalten. Bei der Kirmes abends haben wir uns natürlich ohne Eltern gesehen. Aber wann gingen wir denn mal auf die Kirmes? Das war vielleicht dreimal im Jahr. Das war alles. Demerather Kirmes war uns zu weit. Aber wir sind immer zusammen gegangen. Wir haben gesungen – »Am Brunnen vor dem Tore« oder »Sah ein Knab ein Röslein stehn« – und haben Schelmenstückchen gemacht.

Aber meistens mussten wir sonntags, an unserem einzigen freien Tag, Kühe hüten. Die Kühe kamen nicht auf die Wiesen, sondern auf die Gemeindewege zum Weiden. So wurde auch das letzte Eckchen Land ausgenutzt. Wenn sich die Kühe vertrugen, waren wir zu mehreren an einem Ort. Wir nahmen uns Butterbrote mit und spielten zusammen. Bei einem Spiel wurden vier Pfähle aufgestellt, im Viereck. In der Mitte war ein Pfahl aus einer Astgabel, da hing ein Holzstück dran. Auf ein Kommando musste jeder von einer Linie aus mit einem langen Stecken versuchen, das Holzstück runterzuschlagen. Wenn einer das Holzstück runtergeschmissen hatte, mussten alle zu einem Pfahl laufen. Wie das Spiel weiterging, weiß ich nicht mehr so genau.

Vor mir ging Hein nach Kennfus freien. Aber da blieb er nicht lange. Das kam so: Als dort wieder Kirmes war, ging er auch hin. Er sollte an dem Tag zum ersten Mal bei denen zu Hause beim Kirmesessen sein. Wie es nun mal so kam, Hein brachte noch einen Freund mit, der auch willkommen war. Und früher war es so üblich, dass, wenn Besuch kam, auch Teller hingestellt wurden. Und dann wurden neben den Bratkartoffeln auch noch Eier gebraten oder so. Aber als Hein mit seinem Freund reinkam, da stellte die nur die Bratpfanne mit Kartoffeln auf den Tisch, und alle sollten aus der Pfanne essen. Nein, das wurde dem Hein zu viel. Von da an ist er nicht mehr zu dem Mädchen gegangen. Das konnte ja nichts sein, wenn die aus solch einer Familie kam.

Ja, da wurde früher wie verrückt drauf geguckt: eine gute Partie machen. Da versuchte jeder nur mit solch einem Mädchen zu gehen, die mindestens genau so viel Vieh im Stall hatte wie man selbst. Beim Singen unten an der Brücke haben die Kerle immer zusammengestanden, aber bei der Tanzmusik, da saßen die, die viel hatten, auch nur zusammen mit denen, die auch viel hatten. So war das früher. Vermögen, Vermögen und nochmals Vermögen. Wenn einer zu einem Mädchen freien kam, da war der erste Blick immer der Misthaufen. Wenn der groß genug war, dann waren auch viele Kühe im Stall. Wenn der aber klein war, dann konnte es um das Vermögen der Leute nicht weit her sein. Und oft genug war das Verhältnis dann aus. Das ist Tatsache!

Die Mädchen mussten ja früher in Stellung gehen. Es wurde doch Geld gebraucht. Noch vor meiner Zeit mussten die Jungen und Mädchen, die arbeiten wollten, nach Cochem gehen, wenn Markt war. Dann wurden die alle in eine Ecke gestellt. Und wenn einer von den Herren jemand haben wollte, dann ging er rund, guckte sich alle an und nahm sich eine.

Mit achtzehn Jahren war ich in Kesselheim in Stellung bei einem Metzger. Die hatten drei Kinder – das älteste ging gerade in die Schule. Als ich da ein Jahr war, haben sie mich schon in den Laden geschickt. Ich hab schwer arbeiten müssen, ich habe aber auch viel Spaß gehabt. Nachts, wenn alle Arbeit getan war, habe ich alles braten können, was ich wollte. Einmal in der ganzen Zeit haben sie mich nach Koblenz genommen, er und seine Frau. Ja, und da haben sie mich überallhin geführt. Auf einmal sagte er: »So, jetzt gehen wir durch die Gasse.« Ich hatte ja keine Ahnung, was das für eine Gasse war. Als wir da durchgingen, sagte er: »Nicht hochgucken, nicht rechts und nicht links, nur geradeaus sehen.« Da dachte ich, was mag das denn sein. Auf einmal packte er seine Frau und mich und zog uns hinter eine Mauer. Er: »Seid still, da kommt unser Pastor.« Seine Frau: »Das darf doch nicht wahr sein!« »Doch«, sagte er, »er ist in das Haus gegangen. Kommt, ich habe genug gesehen.« Und dann habe ich auch mal schräg hochgeguckt. Oh, oh, da ist mir das Herz in die Schuhe gefallen. Da hat so ein Tier im Fenster gelegen und hatte alles raushängen. Oh, da habe ich erst gesehen, was los war, da erst. Da bin ich zum ersten Mal von den Pastören enttäuscht worden. Einige Leute haben ja immer behauptet, die dürften einmal im Monat. Das Demerather Müller Mariechen, das war doch beim Pastor Haushälterin. Die sagte nur, als der Pastor gestorben war: Wenn die Pfarrhäuser aus Glas wären, dann ginge niemand mehr in die Kirche. Das war genug gesagt.

Als dem Metzger seine Frau starb, hat mein Vater mich sofort wieder nach Hause geholt. Denn das durfte nicht sein: ein Dienstmädchen bei einem verheirateten Mann.

## »Felzer Henne, Ouderter Jehße un Elmer Beck«[19]

*Schlägereien waren an der Tagesordnung*

Interessant ist die Geschichte von den Auderather Ziegen und Filzer Hähnen. Da war mein Vater mal in Auderath im Geschäft beim Einkaufen und erzählte, dass von der Filzer Kapelle der Hahn runtergefallen sei von dem Sturm die Nacht vorher. Und wie es dann so ging – sie haben noch einen getrunken. Jedenfalls ab da hieß mein Vater »Felzer Hann«. Als dann Linde Mattes in Auderath war, hieß es: Da kommt der Verwandte vom Felzer Hann. Und da waren alle Filzer auf einmal die »Felzer Henne«.

Einige Zeit später war gerade Hinnigs Pitter in Auderath, weil er sich an ein Mädchen ranmachen wollte. Da war aber die ganze Wirtschaft voll von Ulmener Kerle, die da mit den Mädchen aus Auderath lachten. Da war der Pitter natürlich böse und rief: »Was wollen denn die ›Elmer Beck‹ bei den Ouderter Jehße'?« Und von da an hießen die Auderather »Jehße«.

Das ging einige Jahre hin und her. Da war in Filz wieder Kirmes. Alles war schon ziemlich angetrunken, da fingen die Auderather an zu krähen und machten sich über die Filzer lustig. Auf einmal stand Demeraths Alois im Eingang als Schäfer verkleidet und zog hinter sich her eine Ziege. Das war ein Spektakel. Die Filzer meckerten aus Leibeskräften und die Auderather krähten. Es hätte nicht viel gefehlt, da hätte es noch eine Schlägerei gegeben, weil Hein schon ziemlich viel getrunken hatte und dauernd stänkerte und schrie: »Werft doch das Auderather Jehßepack hier raus – samt de Elmer Beck!« Und sofort war ein Auderather da und packte Hein am Hals. Junge, da war ich aber schnell auf und hab dem einen vor

19 Filzer Hähne, Auderather Ziegen und Ulmener Böcke.

den Bauch getreten. Aber von da ab hörte es langsam auf mit der Meckerei und Kräherei.

Kurze Zeit später war ich noch mal mit Hinnigs Peter in Auderath einkaufen. Wir hatten einen großen Korb Eier dabei und wollten damit bezahlen. Da lebte in Auderath einer, der hatte Musik gemacht und der hatte eine Frau, das war ein »rosenes Deer« (rasendes Tier). Die fing dann auch prompt an: »Oh, die Felzer Henne legen aber gut.« Da rief ich: »Wenn die Auderather Geißen mehr Milch geben würden, wäre das Zeug hier auch nicht so teuer!«

Als Hein und ich geheiratet haben, da hatten wir samstags »Hillig« (Polterabend) und sonntags war Auderather Kirmes. Da haben wir ganz am Ende vom Zelt gesessen. Auf einmal fing es auch an zu stänkern und – rums! – wurden alle Lampen kaputtgeschlagen, und da fingen die an zu schlagen mit Messern und kaputten Flaschen. Wir konnten uns nur noch retten, indem wir die Zeltplane hinter uns kaputtschnitten und türmten. Als wir dann aus Auderath raus waren, da wollte der Hein auf einmal wieder zurück, weil sein bester Freund noch im Zelt war. Da hab ich ihn aber festgehalten: »Wenn du jetzt gehst, dann heirate ich dich nicht mehr.«

Am Tag darauf kamen die Hauptschläger – das waren fünf Brüder aus Vorpochten und ihr Vater – nach Auderath. Die hatten lange Mäntel an, und was sie darunter versteckt hatten, konnte niemand sehen. Aber da traute sich keiner mehr auf die Straße. Einen ganzen Nachmittag zogen sie so Seite an Seite durch die Straßen. Die waren bekannt in der ganzen Eifel.

Einmal, da waren meine Schwester und ich in Lutzerath auf der Kirmes. Zu der Zeit gab es in Wagenhausen einen schon älteren Mann, der war immer hinter den Frauen her – aber hinter allen Frauen. Das war eine ganz schräge Gestalt. Und da kommen meine Schwester und ich gerade unten vom Klo die schmale Treppe hoch, da stand der Kerl da und stupste uns an, als wir vorbeigingen, und macht komische Bemerkungen. Da habe ich dem einen Schubs gegeben, dass er die ganze Treppe runterflog. Als wir oben waren, haben wir unseren Leuten sofort Bescheid gegeben, und schon war die Klopperei wieder im Gange.

Schlägereien gab es früher viel. Ich weiß noch von einer zwischen Lutzerather und Kennfuser Kerlen. Da waren am Ende von einem Zelt, was sich geprügelt hatte, nur noch ein paar übrig. Alle anderen lagen am Boden oder hatten sich schon weggemacht.

## »Josef, mach mich nicht unglücklich!«

*Wildhüter und Wilderer*

Mein Vater war ein Wildhüter hier im Filzer Revier. Das müssen wohl die ersten neun Jahre nach dem ersten Krieg gewesen sein. Als Maurer war er da, glaub ich, nicht mehr unterwegs. Ein Wildhüter musste immer sehen, wie viel Wild im Wald war, und musste die Hochstände reparieren. Die Wildhüterei war damals ein ganz gefährlicher Kram. In Demerath zum Beispiel, da wohnten zwei so Lumpen, die immer wilderten. Vater wusste das. Einmal ging er nichts ahnend die Klauslay runter – kurz vorher waren zwei Rehe und ein Bock gewildert worden –, da rief einer plötzlich: »Halt!« Da stand doch der eine Kerl aus Demerath hinter ihm. »Gehst du etwas Extras suchen?« »Nein«, sagte mein Vater, »ich mach meinen Rundgang wie immer.« Da kam der Lump ganz nah an ihn heran: »Das ist auch dein heiliges Glück, mach, dass du nach Hause kommst!« Dann gingen die beiden auseinander. In Demerath, da wurde viel gewildert. Da hat schon mal ein Wilderer den anderen erschossen, weil dieser Wild aus seiner Schlinge mitnehmen wollte. Den haben sie aber gekriegt; der saß, glaub ich, lang im Zuchthaus.

Hier in Filz waren auch Wilderer, denn mein Vater hat immer wieder Schlingen im Wald gefunden. Aber mein Vater war froh, dass er keinen erwischt hat. Meine Mutter sagte immer: »Josef, mach mich nicht unglücklich!« Damals wurde die Jagd auch schon verpachtet, genau wie heute. Die Pächter kamen meistens aus der Duisburger und Oberhausener Gegend, reiche Geschäftsleute und hohe Herren. Die Pächter wohnten bei uns, wenn sie in Filz waren, und mein Vater durfte bei Treibjagden auch mal schießen.

Einen Förster gab es damals nur in Ulmen. Das war ein scharfer Hund, der kannte jeden Baum im Wald. Wenn da ein geklauter Baum gefunden wurde, der wusste sofort, wo der abgeholzt worden war. Das war vielleicht einer! Die Liss und ich haben mal sonntags unsere Kühe in die Kultur getrieben und dort fressen lassen, was ganz streng verboten war. Es regnete vom Himmel hoch. Wir haben da ganz eng zusammengesessen, den Mantel über uns gelegt. Und die Kühe fraßen gut in dem hohen Gras zwischen den Fichten. Wir waren froh, dass das Vieh mal so gutes Gras bekam. Auf einmal steht der Förster hinter uns. Das gab vielleicht ein Donnerwetter! Ein paar Tage später war er bei meinem Vater und gab uns ein Protokoll von fünf Mark. War das eine Schande für meinen Vater, er war doch Wildhüter.

## »Danach war es wieder wie immer«

*Hochzeit*

Hein hab ich 1927 auf der Kirmes in Wollmerath kennen gelernt. 1928 haben wir dann geheiratet. Kirchlich geheiratet haben wir in Filz – das Standesamt war ja in Lutzerath, wie alle Ämter. Das war im November 1928, genau am achten November. Oh, unsere Heirat war sehr schön. Wir hatten bestimmt so sechzig Gäste da, die ganze Verwandtschaft. Die waren natürlich alle zu Fuß da. Die Hochzeit ging von morgens bis abends. Im ganzen Haus haben wir Polonaise getanzt. Nachmittags haben uns die Kerle doch fast den ganzen Kuchen aus dem Keller geklaut. Den haben die dann hinten auf dem Hinnig aufgegessen, samt einer Flasche Wein. Junge, meine Schwester war böse. Die hatten nämlich auch die teure Hochzeitstorte mitgenommen, und das war eine Seltenheit damals.

Die Hochzeit war sehr, sehr schön, aber es waren halt eben nur ein paar Stunden. Was wollte man machen? Danach war es wieder wie immer.

Ich bin nach Lutzerath gezogen. Da musste ja eine Frau ins Haus.

## »Da bekam sie vor lauter Wut einen Herzanfall«

*Der regelmäßige Streit um das Erbe*

Bevor Hein und ich in Lutzerath angefangen haben, wurde erst mal geteilt. Und zwar wurde das ganze Land auf Lose verteilt, die dann von denen, die erben sollten, gezogen wurden. So wurden das Land und der Wald auf alle Kinder gleich verteilt. Wenn aber jetzt Kinder nach auswärts gezogen waren, haben die das ihnen zugefallene Land wieder an den verpachtet, der den Hof weiter übernahm. Weil, die konnten ja nicht von so weit herkommen, um die Felder zu bestellen.

Hein hatte zwei Schwestern und zwei Brüder. Eine war in Lutzerath verheiratet. Deren Felder waren natürlich für den alten Hof verloren, weil die die jetzt selbst bewirtschaftet haben. Eine Schwester war in der Wittlicher Gegend verheiratet. Die konnte natürlich mit ihren Feldern in Lutzerath nichts anfangen. Sie hat sie uns verpachtet. Und die zwei Brüder? – Nur einer von den dreien konnte den Hof übernehmen. Die anderen mussten entweder in einen anderen Hof einheiraten, wo kein Mann war, oder mussten ein Handwerk lernen, immer bei fremden Bauern als Knecht arbeiten oder ins Ruhrgebiet gehen und dort arbeiten. Heins jüngster Bruder war ja noch zu jung und ging später zum Militär. Ja, und der zweitälteste Bruder musste dann als Knecht bei großen Bauern sein Geld verdienen. Aber die gabs ja hier kaum. Er hat jahrelang auf einem Hof in der Nähe von Koblenz gearbeitet. Später war er Arbeiter im Kölner Raum. Bei der Teilung damals ging ja noch alles gut – ohne Krach. Das war ganz selten damals, ganz selten! Meistens haben sie sich dabei die Köpfe eingeschlagen.

Als meine Eltern damals beim Losen neben das Haus gefallen waren, da gabs auch Krach vorher. Da kamen wir sonntags aus der Messe, bei strömendem Regen, und alle unsere Möbel standen vor der Haustür und wir konnten sehen, wo wir blieben. So war das früher.

Eine Familie aus einem Nachbardorf, das weiß ich noch ganz genau, hat auch einiges durchgemacht: der Sohn von denen ist mit seiner Frau weggezogen, weil das Land nicht mehr genug hergab. Damit die Alten nicht allein sein sollten, ist dann deren Tochter mit ihrem Mann nach Filz auf den Hof gezogen. Aber sie hatten einen Fehler gemacht: Sie hatten noch keinen Vertrag abgeschlossen. Aber zuerst war alles gut und schön. Die fingen an zu schaffen und auf einmal kam raus, dass man doch genug aus dem Land rausholen konnte – der Mann war nämlich ein guter Bauer. Und kaum war das offenbar, da wollte der Bruder von der Schwester wieder das Land zurück. Von da an war in dem Haus der Teufel los. Es hieß immer: Beim Erbteilen traue weder Bruder noch Schwester. Aber das wollte die Tochter nicht wahrhaben. Nun standen sie da, beide wollten auf den Hof und es war kein Vertrag da.

Der Vater von den beiden hatte eine Sau, von deren Ferkel er den Erlös bekam. Und eine Kuh hatte er auch. Der Erlös der Kälber war auch ihm. Die alten Leute hatten ja kein Geld, weil sie ja keine Rente bekamen. Von dem Geld hat er sich dann Tabak und Schnaps gekauft. Jedenfalls, die Sau wurde eines Tages geschlachtet, weil sie schon so alt war und der jüngste Sohn zur Kommunion gehen sollte. Dafür hatten sie dann von der Sau ein großes Steinfass voll Fleisch eingelegt und einen großen Topf mit Schmalz, eine Kanne Öl und einen Sack Mehl. Aber eines Morgens war alles weg. Nur ein paar Brocken Fleisch hatten sie ihnen dagelassen. Zu der Zeit, es war kurz nach dem zweiten Krieg, waren ja noch die Franzosen hier. Die kamen dann sofort dahin und fragten, ob sie einen Verdacht hätten. Aber die haben nichts gesagt, obwohl die doch genau wussten, wer das gewesen sein musste. Ein paar Tage später hat man die Steintöpfe von dem Fleisch und dem Schmalz zerschlagen auf einem Acker gefunden. Irgendwann ist dann rausgekommen, dass der Kerl, der wieder auf den Hof wollte, die Sachen aus dem Kellerloch geklaut hatte. Nur um seiner Schwester zu schaden, weil die da saß, wo er hin wollte.

Aber das war noch nicht alles. Kurze Zeit später hat das ganze Haus gebrannt. Es wurde erzählt, dass die Flammen gerade das Haus hochgelaufen sind. Aber der Polizei haben sie nichts gesagt. Irgendwann hat der Kerl dann wohl doch heimlich den Erbvertrag unterschrieben.

Ja, so war das früher! In vielen Familien kam es vor, dass sich beim Erbteilen alle bis aufs Blut verkrachten.

## Freien und Erben

Fassungslosigkeit und Unverständnis sind die vorherrschenden Eindrücke nach dem Lesen der Berichte zu den Themen *Freien und Erben*. Waren die Menschen so kaltherzig und geldgierig, dass sie den Partner eher nach der Größe des elterlichen Misthaufens beurteilten denn nach Aussehen und Charakter? »Erst kommt das Fressen, dann kommt die Moral!«. – so hat es ein bekannter Zeitgenosse von Gertrud Müllen mal treffend formuliert.[20] Was uns wie reine Habgier erscheint, war aber häufig einfach nur der Not geschuldet: Beim Erben wurde um jede Mark, jedes Möbelstück, um Acker und Vieh gefeilscht. Oft wollte jeder Nachkomme möglichst alles haben, ohne Rücksicht auf seine Geschwister. Nicht selten kam es zu erbittertem, jahrelangem Streit. Man wollte so viel bekommen, damit es fürs reine Überleben reichte. Kein Vorgang – mit Ausnahme des Heiratens – war für das Schicksal des Menschen auf dem Dorf so ausschlaggebend wie das Erben. Hier entschied sich, ob man sein Leben als freier Bauer oder Fabrikarbeiter verbringen musste, ob man in seiner Heimat weiterleben konnte oder in eine fremde Stadt ziehen musste.

In den Dörfern der Eifel herrschte seit der Franzosenzeit[21] das Recht der Realerbteilung. Alles, was eine Generation an die nächste vererbte, wurde unter den Geschwistern zu gleichen Teilen aufgeteilt. Was auf den ersten Blick gerecht erscheint, war aber ökonomisch verhängnisvoll, denn schnell waren die Ländereien so sehr zerteilt, dass ein Erbteil die Existenz einer Familie nicht mehr sichern konnte. Dann war der Hof aber nicht

20 Bertolt Brecht: Die Dreigroschenoper, 1928.

21 Gemeinhin ist mit diesem Begriff die Spanne zwischen 1794 und 1815 gemeint.

mehr teilbar und konnte nur noch an ein Kind vererbt werden, das die anderen Geschwister auszahlen musste. Diese mussten entweder bei einem anderen Bauern als Knecht oder Magd arbeiten, oder als Arbeiter in die Industriegebiete an der Ruhr oder im Köln-Bonner Raum abwandern. In beiden Fällen bedeutete dies eine Deklassierung in ein unsicheres, abhängiges Arbeitsverhältnis – und das bei den Arbeitslosenzahlen der 1920er Jahre. Man kann sich leicht vorstellen, dass diese Aussichten eisige Spannungen zwischen den Geschwistern erzeugten. Auch wenn die Höfe geteilt wurden, musste jeder Erbteil die Existenz einer Familie sichern können. Denn war das Erbteil einmal festgelegt, konnte der Erbe nicht erwarten, in seinem weiteren Leben durch seiner Hände Arbeit noch wesentlich über diesen Grundstock an Besitz und Vermögen hinauszukommen. Hatte jemand beim Erben und Heiraten eine »schlechte Partie« gemacht, waren in vielen Fällen Hunger und Not vorprogrammiert.

# LEBEN UND ARBEIT

»Geschlachtet wurde immer zu Hause. Das war vielleicht ein Murks, bis das Schwein mal tot war. Die Schweine merkten das schon vorher, denn sie fingen an zu schreien, wenn man in den Stall reinkam.«

## »So haben wir geschafft und geschafft«

*Leben am Rande des Existenzminimums*

Nach der Heirat bin ich ja zum Hein ins Haus nach Lutzerath gezogen. Dadurch, dass wir Heins Mutter behielten, mussten wir die ganzen Kosten ihrer Krankheit aufbringen. Das ging so weit, dass wir alle Felder dem Arzt verkaufen mussten, der sie uns wieder verpachtete. Ja, so haben wir damals angefangen. Wir haben halt weiter geschafft, was sollten wir anderes tun?

Um drei, vier Uhr nachts mussten wir aufstehen, damit Hein und ich noch rausfahren konnten, um Futter fürs Vieh zu holen. Und in Lutzerath waren die Felder doch so weit vom Dorf weg. Um sieben Uhr musste Hein auf der Arbeit sein. Da ist er mit dem Fahrrad hingefahren. Dann hab' ich die Kinder versorgt, die um acht Uhr in der Schule sein mussten. Anschließend hab' ich die Kühe wieder angespannt und bin noch einmal aus aufs Feld. Vorher habe ich noch das andere Vieh gefüttert und das Mittagessen vorgerichtet, denn mittags musste das Essen fertig sein für die Kinder. Oft habe ich Hein das Essen raus auf die Straße gebracht. Das waren manche Kilometer. Nachmittags waren die Kinder wieder weg in der Schule und ich musste wieder weg aufs Feld, bis abends. Nach dem Abendessen musste noch das Vieh gemolken, die Ställe sauber gemacht und noch dies und das gemacht werden. So haben wir jeden Tag bis abends neun oder zehn Uhr geschafft. Und das von morgens drei Uhr an. Abend um zehn Uhr waren die Mannskerle fertig, die Frauen mussten dann noch die ganze Hausarbeit erledigen. Ich habe fast jede Woche zwei Nächte nicht geschlafen: Eine Nacht hab' ich gewaschen, die andere geflickt und gebügelt.

Ich musste doch tagsüber die Landwirtschaft machen, weil Hein fast immer arbeiten ging. Wenn er zu Hause geblieben wäre, hätten wir nicht existieren können. Die Arbeit hat er immer vom Arbeitsamt bekommen. Meistens hat er im Straßenbau geschafft. Er war aber auch manchmal längere Zeit weg, zum Beispiel in Salzgitter beim Straßenbau. Da war er mit tausenden Menschen in Baracken untergebracht. Einmal war er von Oktober bis Dezember im Harz, Holz hauen, mit bestimmt fünfundzwanzig anderen Lutzerathern. Beim Bau der Cochemer Brücke war er dabei und bei der Verlegung der Wasserleitung hier in der Gegend. Im Sommer, während der Erntezeit, war er natürlich zu Hause. Er hat zwar immer geklebt, aber die Lücken zwischendurch, wo er zu Hause bleiben musste, waren so groß, dass vieles nicht mehr angerechnet wurde. Die Männer mussten damals arbeiten gehen, weil durch die Landwirtschaft so gut wie kein Geld reinkam. Aber wir mussten doch die Steuern bezahlen, die Kleider, den Schmied und den Stellmacher und die Maschinen. Das alles mit Korn zu bezahlen, ging natürlich nicht, dazu hatten wir zu wenig. Und so haben wir geschafft und geschafft. Es war halt so.

So um 1934 haben wir in Lutzerath ein leerstehendes Haus gekauft für 2200 Mark. Es wurde von meinem Filzer Erbteil bezahlt. Zwei Jahre später bei der Heuernte – wir hatten die Scheune schon ziemlich voll – wollten wir abends gerade die letzte Fuhre holen. Aber wir waren knapp an der Ortsgrenze, da kamen uns die Leute schon nachgelaufen: »Euer Haus brennt, euer Haus brennt!« Wir waren sofort zurück: Da stand der Dachstuhl schon in hellen Flammen. Meine Schwiegermutter musste ich noch aus dem Bett holen, die wär uns fast im Bett verbrannt. Das Heu in der Scheune musste sich wohl entzündet haben. Die Feuerwehr hat schwer gearbeitet, doch es hat lange gedauert, bis die Leute da waren, weil ja fast alle auf den Feldern waren. Da haben wir vor unserem kaputten Haus gestanden. Jahrelang hatten wir geschafft, und jetzt konnten wir wieder von vorne anfangen.

Gott sei Dank war das Haus etwas versichert. Ja, da haben wir einen neuen Stall gebaut, der etwas größer war als der alte. Aber dadurch wären wir mit der Scheune zu nah an die Nachbarsgrenze gekommen. Das Bauamt gab uns keine Genehmigung. Aber wir mussten doch die Scheune haben! Und so fuhr ich nach Koblenz zum Regierungspräsidenten. Ich habe immer gesagt, mein Mann wäre krank. Aber er war nicht für so etwas, und so musste ich es tun. Ich habe am ganzen Körper gezittert, als ich zu einem Beamten eingelassen wurde. Ich hab kein Wort rausgekriegt vor lauter Angst. Aber er hat mich freundlich aufgenommen und so konnte ich ihm sagen, dass ein Bauer doch eine Scheune und eine Tenne haben müsste zum Korndreschen, zum Erbsendreschen, zum Strohdreschen und zum Dreschen des Sommersamens. So sind wir dann ins Gespräch gekommen, und da hatte ich auch keine Angst mehr vor dem Mann. Und was kam raus? Wir haben die Baugenehmigung bekommen.

## »Ach Gott, mit Asche haben wir gewaschen«

*Selbstversorgung auf dem Bauernhof*

Die Woche über gab es morgens und abends Brot, mittags Kartoffeln und Gemüse, allenfalls am Sonntag gab es Wurst oder Fleisch. Die Butter haben wir ja noch selber gemacht. Teilweise haben wir die dann in Chochem aufm Markt verkauft. Die Kleider haben wir auch selber gemacht aus gekauftem, billigem Stoff. Vielfach hat man aus zwei oder drei kaputten ein neues Kleid gemacht – meine Mutter war ja als Mädchen Näherin gewesen. Zur Kommunion sind die Kinder damals mit ihren Eltern nach Cochem gegangen, um die ersten Kleider oder Anzüge zu kaufen. Vorher war ja alles zusammengeflickt. Vor der Kommunion gab es auch nur ein Paar Schuhe. Die wurden samstagabends für sonntags geschmiert.

Der Vater meiner Mutter hat noch auf einem Webstuhl Leinen gewebt. Meine Mutter hat immer auf dem Spinnrad Wolle gesponnen. Ich hab' das später auch noch gemacht. Damals hat man Flachs angepflanzt. Der Flachs wurde gerupft und mit allen Wurzeln gedroschen. Der Samen wurde verkauft oder man machte Öl daraus. Der Flachs ohne Frucht wurde im Backhaus in den Ofen gelegt, nachdem das Brot raus war. Über Nacht war alle Feuchtigkeit draußen. Auf der Brechbank wurde der trockene Flachs dann gebrochen und die Schalen blieben übrig. Dann hatte man fast nur noch die Fasern in der Hand mit noch einigem Dreck dran, den man mit Schlagen gegen einen Gegenstand rausschlug. Die Fasern wurden dann auf dem Spinnrad zu Fäden gesponnen und anschließend auf dem Webstuhl zu Leinen gewebt.

Um Wolle zu bekommen, haben sich die Leute immer wieder Schafe gehalten. Die geschorene Wolle wurde entweder selbst versponnen oder nach Manderscheid gebracht, wo man sie gegen fertiges Garn in allen Farben eintauschen konnte. Meine Mutter konnte früher noch viel mehr Farben färben. In Manderscheid war eine große Wollspinnerei. Die haben ein Riesengeld verdient. Was die dort für Maschinen hatten, weiß ich nicht, weil ich nie Zeit hatte, mir das anzusehen. Die haben bestimmt zehn Leute beschäftigt. Vor dem Scheren kamen die Schafe immer in den Üßbach, wo sie gründlich gewaschen wurden. Waschen und Scheren habe ich alles selber gemacht. Man hat einfach die vier Füße zusammengebunden.

Die Töpfe und den anderen Hausrat hat man in Ulmen gekauft, teilweise durch Aufschreiben oder gegen Frucht. Zweimal hat man versucht, hier ein Geschäft aufzumachen. Es hat sich aber nicht rentiert, da die keine Eier, Butter oder Korn annehmen konnten. Früher kamen viele Händler hier vorbei. Einer kam aus Gillenfeld. Der hatte immer einen Bauchladen dabei mit Schuhriemen, Zwirn und Nadeln und so. Der ging, wenn er in Filz fertig war, über den Hinnig durch den Wald und durchs Üßbachtal nach Demerath. Von Ulmen kam immer jemand mit dem Handwagen. Der war vollgepackt mit Lebensmitteln. Ein Deppemann[22] aus Wittlich kam mit dem Pferdewagen, da hing draußen alles voll von Töpfen, Wannen und Körben. Die kommen heute noch mit dem Auto. Ach, die hatten Waschbütten, Abtretmatten, Besen – alles. Jedes Jahr vorm Heumonat kam einer aus Solingen. Der hatte Sensen, Schleifsteine im Rucksack, von Ulmen aus kam der, Messer und Scheren hat er auch angeboten. Der hatte immer gutes Zeug. Damals kostete eine Sense drei Mark – heute dreißig bis vierzig Mark. Die Viehhändler waren fast alle Juden. Die meisten kamen aus Wittlich, aber die sind ja alle umgekommen.

Oft konnte ich nicht jeden Samstag die Böden putzen, die Bretter waren ja roh gezimmert. Manchmal haben wir die Böden mit Milch geputzt. Da wurden sie

22 Töpfemann, Händler für Hausrat.

schon ein wenig dunkler. Gekehrt haben wir mit Ginsterbesen. An Staubwischen war gar nicht zu denken. Da musste man direkt mit einem nassen Lappen mit viel Wasser dran, damit der Dreck wegging. Samstagabends wurden die Schuhe geholt und da habe ich erst mal geguckt, ob alle Pinne noch da und fest waren. Früher waren Eisennägel in die Sohlen geschlagen. Wenn die weg waren, waren die Sohlen ruckzuck abgelaufen und so habe ich jeden Samstag die Eisenpinne nachgeschlagen. Anschließend wurden die Schuhe mit schwarzem oder braunem Schuhfett gut eingefettet. Die Fenster wurden nur an Feiertagen sauber gemacht. Wenn die Mannskerle mal samstags im Bett waren, da habe ich noch deren Kleidung gewaschen, damit sie sie montags wieder anziehen konnten – geflickt wurden sie sonntags. Die Betten wurden mit Strohsäcken ausgelegt. Die wurden erst Anfang der 1950er Jahre gegen Matratzen ausgetauscht. Der Bettsack hat genau ins Bett gepasst. Der wurde dann in regelmäßigen Abständen neu mit Stroh gefüllt. Die Kinder haben meistens in einem Zimmer gelegen, teilweise sogar zwei in einem Bett. Ansonsten war die Zimmeraufteilung im Haus genau wie heute. Es gab die Kech, die Stuff, die Kommer und zwei bis drei Schlofzommer[23]. Geheizt wurde früher nur die Küche. Da haben sich alle aufgehalten. An Winterabenden saß die ganze Familie mit den Nachbarn eng um den Herd und hat sich Geschichten erzählt. Die Stube wurde nur an wenigen Feiertagen benutzt.

Aber noch einmal zum Strohsack: Der hatte an einer Seite einen Schlitz, wo man reingreifen konnte, um ihn auszurütteln. Das Stroh staubte vielleicht! Das war ja furztrocken. Wenn der Sack immer kleiner wurde, hat man ihn ausgeschüttet und neu mit Kornstroh gefüllt. Das war so einmal im Jahr der Fall. Der Sack war aber dann so prall gestopft, dass man die ersten Abende nicht wusste ins Bett zu kommen. Manchmal war es sehr

23 Küche, Stube, Kammer und Schlafzimmer.

schlimm in diesen Säcken, wenn sich Ungeziefer eingenistet hatte oder Kinder reingepisst hatten.

Gewaschen wurde früher ja noch mit der Hand. Das war eine Arbeit! Da mussten wir mehrmals runter zum Brunnen, Wasser holen, und dann mit den vollen Eimern wieder den Berg hoch. Das Wasser wurde in dem großen Kessel gekocht, in dem auch das Fressen für die Schweine gemischt wurde. Am nächsten Tag sind wir dann mit einigen Frauen, die auch alle gewaschen haben, runter zum Üßbach gefahren, auf die Wiese gegenüber der Sauerbŏr[24]. Dort haben wir dann die weiße Wäsche gebleicht. Die Wäsche wurde auf der Wiese ausgebreitet und mit einer Gießkanne mit Bachwasser nass gemacht. Anschließend musste man die Sachen von der Sonne trocknen lassen. Das Nassmachen und das Trocknen wurden dann ein paarmal wiederholt. Dadurch wurde die Wäsche genau so weiß wie heute mit den Waschmitteln. Ach Gott, mit Asche haben wir gewaschen, mit Kleie. Holzasche wurde in einen Leinensack gepackt und voll kochendes Wasser gemacht. Das aus dem Sack rauslaufende Wasser wurde in der Waschschüssel aufgefangen und war so glatt, dass man damit waschen konnte. Dasselbe haben wir mit Weizenkleie gemacht. Das war einfacher. Wenn ein Schwein kaputt ging, haben wir aus dem Fleisch Seife gekocht. Das Fleisch wurde mit paar Sachen, die ich aber nicht mehr kenne, zusammen gekocht. Die Brühe hat man dann herausgegossen in einen Behälter und hat es erkalten lassen. Es wurde dann ganz fest und in Stücke geschnitten. Schmierseife wurde daraus, wenn man es weniger lange kochte.

Noch mal zum Wäschebleichen: Wir mussten deswegen unten zum Bach fahren, weil hier in der Nähe alles Privatland war, und die Wiese unten am Bach war Gemeindeland. Jedes noch so kleine Stück Privatland wurde doch gebraucht, für Viehfutter und so. Denn Gras wuchs da auf der Wiese durch das Bleichen nicht mehr viel. So alle sechs bis sieben Wochen sind wir da runtergefahren.

24 Sauerbrunnen.

Wir haben in Lutzerath und auch später hier in Filz immer so sechs Hektar Land bebaut. Das war eigenes Land und gepachtetes Gemeindeland. Wir haben so im Schnitt angepflanzt zwei Morgen Kartoffeln, da waren auch die für die Schweine dabei, fünf bis sechs Morgen Korn und vier Morgen Gerste, die wurde verkauft und als Hühnerfutter gebraucht. Teilweise haben wir auch Braugerste angepflanzt für die Brauereien und ein kleines Stück Weizen. Vier bis fünf Säcke Weißmehl brauchten wir im Jahr für den Brotteig als Zugaben; vier bis fünf Morgen Hafer, den wir verkauft oder an die Kühe verfüttert haben, zwei Morgen Rüben und Kohlrüben, fünf Morgen Weideland. Ein Morgen Korn brachte einen Ertrag von zwölf bis fünfzehn Zentner und ein Morgen Hafer acht bis neun Zentner.

Früher haben wir das Brot ja noch selbst im Backhaus gebacken. Dafür mussten wir das ganze Jahr über Schanzen[25] hauen und binden, entweder aus unserem Wald, aus Wiesenhecken oder Gemeindewald. Wir haben im Jahr an die hundert Schanzen gebraucht, für jedes Backen so fünf bis sechs. Es hing davon ab, ob der Ofen ganz kalt oder noch etwas warm war. Abends wurden Lose gezogen, wer am folgenden Tag backen durfte. Wenn man als letzter dran war, hat man höchstens zwei Schanzen gebraucht. Die Steine im Ofen mussten ganz weiß sein – es durften keine schwarzen Stellen mehr zu sehen sein. So lange musste gestocht werden. Wenn man Kuchen backen wollte, hielt man einen Strohhalm in den Ofen. Wenn der dunkelbraun wurde, war die Temperatur richtig. Wenn der aber schwarz wurde, war es zu warm und man musste die Tür offenstehen lassen. Wenn der Ofen heiß war, haben wir das Feuer ausgemacht und die Kohlen aufs Feld gestreut oder, aber nur in schlechten Zeiten, zum Waschen genommen.

Die Küchentische hatten früher unter der Platte einen dicken, runden Bauch, den man »Mohl« nannte, die

25 Holz- und Reisigbündel zum Heizen des Ofens.

Tischplatte konnte man aufklappen. In der Mohl wurde der Brotteig gemacht und geknetet. Vom letzten Backen ließ man immer ein paar Krümel Teig übrig, den hat man mit Mehl verdickt, damit er nicht schlecht wurde. Das war dann der Sauerteig fürs nächste Backen. Am Abend davor goss man einen Eimer lauwarmes Wasser in die Mohl, damit sich die Sauerteigkrümel auflösen konnten. Morgens kamen dann Mehl und Zutaten hinzu, bis der Teig fertig war. Der musste dann zweimal geknetet werden, das war schwere Arbeit, weil man sich über die Mohl bücken musste. Vor dem Backhaustragen kam der Teig in die Bleche. Der Brotteig in den Blechen wurde mit einem langen Brett transportiert, das man auf der Schulter ausbalancieren musste. Es hieß »Diel«. Das Brett, mit dem man das Brot in den Ofen schob, hieß »Schoss«.

Früher hat ein Mannskerl an die acht bis neun Scheiben Brot gegessen, und die Scheiben waren immer so dreißig Zentimeter breit. Da kann man sehen, wie viel Brot wir früher gegessen haben. Wir mussten zweimal im Monat backen. Meistens haben wir vierzehn bis sechzehn Brote gebacken, je vier Pfund, und das reichte dann für vierzehn Tage. Bei jedem Backen haben wir so fünfundfünfzig bis sechzig Pfund Mehl verbraucht. Das Filzer Backhaus war noch in den 1950er Jahren in Betrieb. Kuchen haben wir nur selten gebacken, nur an Ostern, Weihnachten oder wenn Hochzeit war. Normalerweise hatten wir immer genug Korn. Wenn es knapp war, haben wir einfach mit Gerstenmehl verlängert oder wir haben die Frucht schon im August abgemacht. Aber das gab schlechte Brote.

Die Filzer haben ihr Getreide in der Demerather Mühle mahlen lassen. Die haben auch Weizen und Gries gemahlen. Haferflocken wurden dort auch gemacht – feine für uns und grobe für die Tiere. Die Demerather und Wollmerather Mühle waren nur für Getreide, die hatten nur ein Wasserrad. Die Immerather und Schmidter Mühle, die waren auch für Öl, die hatten zwei Wasserräder. Also eine Getreide- und Ölmühle. Die Müller sind meist einmal in der Woche in den Dörfern rumgefahren und haben das Getreide mitgenommen. Beim nächsten Mal haben sie es gemahlen wieder mitgebracht. Das Mehl für uns, die Kleie für die Tiere. Die Müller waren alle Spitzbuben. Als Kinder wussten wir schon: Die Hölle ist voll mit Müllern. Normalerweise haben die Bauern immer mit Mehl bezahlt. Man nannte dies »Hőltern«. Aber einen Sommer haben wir das Mahlen mit Geld bezahlt. Da habe ich festgestellt, dass er uns genau so viel Mehl zurückgegeben hatte wie vorher. Er hatte also das Geld bekommen und hat das Mehl noch abgehalten. So raffiniert waren die. Die Müller hatten fast alle noch Landwirtschaft dabei; die haben sich gut gestanden. Für den Zentner Korn haben wir so sechzig Pfund Mehl bekommen.

Aus Raps haben wir Öl gemacht. Der Raps wurde mit der Sense gemäht und auf dem Feld getrocknet. Danach wurde alles in einen Wagen geworfen, der mit einem Tuch abgedeckt war. Der Samen durfte nicht verloren gehen. Zu Hause wurde der Raps mit Dreschflegeln gedroschen. Das war sehr einfach. Nach dem Rödeln und dem Durch-die-Windfege-werfen hatte man den Samen. Sechs Pfund Rapssamen ergaben ungefähr einen Liter Öl. Der Samen musste in der Ölmühle gemahlen werden. Aber das Öl war ziemlich schlecht. Man konnte es nur verbrauchen, wenn es heiß war. Es musste vorher immer heiß gekocht werden. Das ganze Haus stank davon. Es war fürchterlich. Von den Abfällen des Rapssamens beim Mahlen haben wir »Ollichkohche«[26] gemacht. Es waren mehr Fladen als Kuchen. Die wurden getrocknet und den Tieren aufgeweicht – vor allen den Kühen, die gerade gekalbt hatten. In der schlechten Zeit haben wir sogar Bucheckern gesammelt und daraus Öl gemacht.

Im Krieg habe ich kurze Zeit Hetlich[27] angepflanzt. Der musste auch gedroschen werden und so weiter. Das

26 Ölkuchen.

27 Heidekorn.

gab Samen, den haben wir mahlen lassen, und aus dem Mehl haben wir »Hetlich Kohche« gebacken. Der war so gelbbraun und schmeckte sehr gut. Aber das hat sich nicht durchgesetzt, weil der Getreideanbau eben wichtiger war. Wenn wir diesen Kuchen gebacken haben, sind wir immer runter zum Üßbach zum »Sauerbor«. Das war eine Quelle, wo saures Wasser rauskam. Das wirkte wie Hefe. Ganz Filz ging dahin. Früher war die Quelle eingefasst mit Mauerwerk. Mein Vater hatte das gemacht und einen Becher aufgehängt. Jeder, der vorbeikam, konnte daraus trinken.

Früher haben wir auch Flachs angepflanzt. Aus den Fasern wurde ja das Leinen gewebt. Aber von dem Samen haben wir Öl mahlen lassen, das Leinöl. Damit haben wir die Fußböden geölt, aber nur an Feiertagen.

Fast alles Getreide, das wir anpflanzten, haben wir auch selbst verbraucht. Ab und zu haben wir Getreide gegen Lebensmittel eingetauscht. Manchmal haben wir sogar etwas verkauft, zum Beispiel einen Teil von dem Hafer. Ein Zentner Hafer brachte damals acht bis neun Mark. Für einen Zentner Korn gab es ein Paar Schuhe. Heute kostet der Zentner Korn achtzehn bis neunzehn Mark, und ein Paar Schuhe? Genauso mit den Eiern: Sie kosteten früher acht bis zehn Pfennig das Stück und heute auch nur achtundzwanzig Pfennig. Im Vergleich zu allem anderen sind die Eier und das Getreide im Preis wenig gestiegen. Ein guter Anzug kostete in den 1930er Jahren vierzig Mark, heute zweihundertfünfzig bis dreihundert Mark. Mein Brautkleid kostete damals fünfundvierzig Mark und war ganz aus Plissee. Mein Ring kostete achtzehn Mark und der vom Hein drei Mark. Das Kleid war vom Färber aus Wittlich, einem Juden.

Die Butter haben wir früher selbst gemacht. Zuerst wurde die Milch durch eine Zentrifuge gedreht. Die Zentrifugen haben wir immer schon gekannt. Beim Drehen kam aus einem Rohr Magermilch und aus dem anderen der Schmand. Der Schmand kam dann in ein Butterfass.

Mit einer Vorrichtung wurde in dem Schmand so lange gedreht, bis daraus Butter wurde. Dann wurde die Butter so lange mit Wasser gewaschen, bis unten aus dem Fass kein milchiges, sondern klares Wasser rausfloss. Vorher musste man den »Zaboune«[28] aus dem Fass ziehen. Es durfte keine Milch mehr in der Butter sein, sonst wäre sie ranzig geworden.

Lange Jahre sind wir Frauen samstags nach Cochem gelaufen und haben dort unsere Butter angeboten. Ich hatte dort meine festen Kunden, weil meine Butter gut war. Oft mussten wir Butter verkaufen, die wir selbst gern gegessen hätten, aber wir brauchten das Geld mehr. Fast jeden Samstag bin ich da runtergelaufen, bei der ganzen Arbeit und den Kindern. In den Monaten, in denen die Kühe schwer arbeiten mussten – die haben ja den Wagen, den Pflug und so gezogen – gab es fast keine Milch, also auch keine Butter. Ja, bis nach Cochem, da hat man sich eine »Schmeer«[29] eingesteckt und dann ist man gegangen. Für einen Weg haben wir zweieinhalb Stunden gebraucht, also hin und zurück fünf Stunden Fußweg. Aber dadurch, dass wir immer mit mehreren Frauen zusammen gingen und uns erzählten, verging die Zeit beim Gehen sehr schnell. Wenn es uns ganz gut ging, sind wir in Cochem in der oberen Bachgasse zu einem alten Mädchen gegangen, eine Tasse Malzkaffee trinken für zwei Groschen. In Cochem wurde dann noch das Nötigste gekauft, Salz oder Kaffee. Das musste man dann auch noch nach Hause schleifen. Einmal war der Gendarm aufm Marktplatz und großer Auflauf. Da hatte jemand Margarine unter die Butter gemischt und es war aufgefallen. Es war eine Frau aus Gevenich – ich vergesse es mein Lebtag nicht. Die haben die bald aus der Stadt rausgetrieben.

Einmal im Jahr haben wir »Kappes«[30] eingeschnitten. Da kam der Kappesschneider ins Haus mit dem großen

28 Zapfen.
29 Butterbrot.
30 Weißkohl.

Krauthobel. Der ging von Dorf zu Dorf. Das war ein Bauer, der das nebenher noch gemacht hat. Wir haben meistens zehn Körbe voll eingeschnitten. Das kam dann alles in ein großes Tonfass. Es wurde oben in der Küche geschnitten und wurde dann korbweise runter ins Fass getragen. Das wurde festgestampft und dann kam Salz und Wasser drauf. Für einen Korb voll Einschneiden bekam der Mann fünf Pfennig.

Geschlachtet wurde immer zu Hause. Das war vielleicht ein Murks, bis das Schwein mal tot war. Die Schweine merkten das schon vorher, denn sie fingen an zu schreien, wenn man in den Stall reinkam. Die Elfriede[31] hat sich dann immer im hintersten Winkel vom Haus versteckt, die konnte die Schweine nicht schreien hören. Früher gab es ja noch keine Schussapparate, da musste das Schwein mit der Axt kaputtgeschlagen werden. Oft genug reichte dann ein Schlag nicht aus, und das Schwein riss sich los und rannte brüllend weg. Oh, es war schrecklich. Ich war nachher so »ferm«[32] beim Schlachten, ich konnte alles selbst machen. Nur das Totschlagen, das konnte ich nicht. Aber mit den Tieren durfte man nicht zimperlich sein. Einmal hatte sich eine Kuh von uns überfressen und der Bauch war so dick von Gasen, jeden Moment hätte sie platzen können. Da habe ich ihr aus lauter Verzweiflung eine Sense in den Bauch gerammt. Ein Messer hatte ich nicht dabei. Aber man durfte nur an einer Stelle reinstechen, damit die Gase rauskamen.

Wenn das Schwein tot war, wurden erst die Haare abgemacht, und dann wurde das Schwein aufgehangen und am Bauch aufgeschnitten. Das Fleisch musste ja ganz im Steinfass eingepökelt werden. Nur so konnte man es aufbewahren. Man kannte ja noch keine Kühlschränke. Das Fleisch blieb sechs Wochen in einem »Solper«[33] liegen und man musste aufpassen, dass keine Mücke dran-

31 Gertrud Müllens Tochter.

32 Geschickt.

33 Salzlake.

kam und dort Eier legte, denn dann war alles kaputt. Das Fass musste immer mit einem Tuch zugedeckt sein. Dann wurde das Fleisch rausgeholt, abgewaschen, abgetrocknet und ins Räucherhaus gehängt, wo fast jeden Tag Feuer war – vor allem mit Wacholdersträuchern, die wir aufm »Hinnig« holten. Die Räucherhäuschen waren im Keller unterhalb vom Kamin angebracht. Junge, da musste man aufpassen, dass da keine Schmeißfliegen drankamen. Im Sommer ist deshalb nur selten geschlachtet worden. Alles Fleisch wurde eingepökelt: Der Schinken zuunterst und das andere Fleisch obendrauf. Früher gab es nur Räucherfleisch, während des ganzen Jahres. Im Durchschnitt haben wir zweimal im Jahr geschlachtet. Wir hatten immer so vier Schweine im Stall – mehr konnten wir nicht halten, weil für mehr nicht genug Futter dagewesen wäre. Genauso mit den Kühen: Die Bauern hatten hier im Durchschnitt drei Kühe, wir auch. Wir hätten uns keine vier Kühe halten können, weil wir zu wenig Futter gehabt hätten. Das musste doch immer zusammenpassen: das Vieh und das Heu, das man einfahren konnte. Man zählte zwei Wagen Heu pro Kuh im Jahr. Und Futter von einem anderen Bauern kaufen ging nicht, weil wir dafür kein Geld gehabt hätten und weil die auch nicht mehr gehabt haben. Mehr Land bebauen ging nicht, weil nicht mehr Land da war.

Eine Sau, die Ferkelsau, hat zweimal im Jahr geworfen. Von einem Wurf wurden dann immer einige nach sechs bis acht Wochen verkauft. Die Ferkel wurden in Ulmen aufm Markt angeboten. Manchmal kamen auch Händler nach Lutzerath und haben sie gekauft. Einmal hatten wir an einen Händler Ferkel für vierzig Mark das Stück verkauft. Er wollte aber erst einen Tag später bezahlen, nachdem er sie in Wittlich verkauft hätte. Als er aber einen Tag später bezahlen wollte, wollte er uns weniger geben, weil er sagte, er hätte die Ferkel billiger verkaufen müssen als er wollte. War das ein Schwindel mit den Händlern! Später habe ich die Ferkel mit Milchfutter gefüttert.

Das war schon nach dem Krieg, als mehr verkauft wurde. Das Milchfutter war an sich nur für die Kälberaufzucht, aber ich habe es einfach mal probiert und die Ferkel wurden prächtig. Ich habe niemandem etwas davon gesagt. Die anderen brauchten das ja nicht zu wissen.

Hein kam einmal und sagte, er hätte schon zwei Tage keinen Tabak mehr gehabt: »Was hätte ich so gern wieder Tabak zum Rauchen.« Ja, da hatte ich ein paar Eier zusammengespart für Salz, Zucker und dies und das, da bin ich damit los und hab ihm ein Päckchen Tabak gekauft – es kostete so fünfundzwanzig Pfennig. Einmal war es wieder so weit, dass Hein keinen Tabak mehr hatte – das werde ich nie vergessen. Wir hatten aber auch nur ein Ei da liegen. Da ist Hein in den Hühnerstall gegangen und hat so lange gewartet, bis sich ein Huhn hingesetzt hatte. Das hat er dann hochgehoben und das Huhn fing an zu drücken. Da war er so gierig, dass er das Ei mit den Fingern rausgezogen hat.

## Die kleinbäuerliche Wirtschaftsweise

Eigentlich begann das 19. Jahrhundert für die Eifel ganz positiv: Die Bauern waren seit wenigen Jahren aus ihrer feudalen Abhängigkeit befreit und hatten bereits vielfach ihre Felder in Besitz. Die Eifeler Eisenindustrie stand schon seit Jahrhunderten in Blüte, und die Zugehörigkeit zum mächtigsten Reich in Europa (Frankreich) versprach sichere Absatzmärkte. Doch die weitere ökonomische Entwicklung warf die Eifel weit zurück. Die Wälder waren fast alle gerodet und man konnte die Holzkohle nur noch im begrenzten Maße gewinnen. Auch die Ergiebigkeit der heimischen Erzgruben ging rapide zurück. Doch dramatisch verschlechterte sich die Situation durch die fast vollständige Abwanderung der Eisenindustrie ins Ruhrgebiet – wegen der viel effektiveren Steinkohlenverhüttung. Die Eifel wurde ein ödes, unfruchtbares Heideland – interessant nur noch für die Maler der Düsseldorfer Malerschule, die die bittere Melancholie der Landschaft festhielten.[34]

Durchreisende nannten die Eifel das »rheinische Sibirien«. Die Eifel konnte ihre Bewohner nicht mehr ernähren. Dazu kam noch ein auf besserer medizinischer Versorgung basierendes Bevölkerungswachstum. In

---

34 Die sehr beeindruckenden, meist großformatigen Gemälde des Malers Fritz von Wille können heute in Haus Breda in Bitburg, bei den Kreisverwaltungen in Daun und Wittlich und im Eifelmuseum Blankenheim bestaunt werden. Durch eine konsequente Fichten-Aufforstung in der zweiten Hälfte des Jahrhunderts erhielt die Eifel durch die preußischen Forstleute das uns heute bekannte Gesicht. Die Heidelandschaft hat sich nur an wenigen Stellen erhalten (zum Beispiel rund um Alendorf bei Blankenheim).

mehreren Wellen wanderten die Menschen aus: Binnenwanderung ins Ruhrgebiet, aber auch nach Brasilien und in die USA. Die im Land gebliebenen Bauern arbeiteten in einer Wirtschaftsform, die nicht mehr zum Feudalismus, aber auch noch nicht zur Marktwirtschaft gehörte. Wir nennen diese Form »kleinbäuerliche Wirtschaftsweise«.

In der Eifel wurde diese Wirtschaftsweise von circa 1800 bis in die 1960er Jahre praktiziert. In den Berichten von Gertrud Müllen sind die Merkmale dieser Wirtschaftsform erkennbar, wenn auch manchmal nur zwischen den Zeilen.

Ziel des Wirtschaftens war nicht die Produktion von Tauschwerten, also Waren für den Verkauf, wie in der Marktwirtschaft der Städte, sondern die Herstellung von Gebrauchswerten für eine möglichst weitgehende Deckung des Eigenbedarfs. Dadurch waren die Höfe beziehungsweise Dörfer autarke Wirtschaftseinheiten, weitgehend ohne Anbindung an die Märkte der Stadt. Wegen der Real-Erbteilung waren kleinste Höfe, auf denen die Familien am Rande des Existenzminimums lebten und die deswegen nicht weiter teilbar waren, das Endprodukt. Aber nur dadurch, dass der Bauer selbst Grundeigentümer war, sich alle Felder, Gerätschaften und Baulichkeiten in seinem Privateigentum befanden, war es ihm möglich, seinen Nachkommen diesen vermeintlichen Vorteil des Bodenbesitzes zukommen zu lassen. Wegen des Fehlens weiterer Rohstoffe, damit einhergehender Gewerbe und entsprechender Industrie, konnten nicht genügend Menschen aus der Landwirtschaft abgezogen werden. Realerbteilung, Selbstversorgung, Privateigentum an Grund und Boden und fehlendes Gewerbe waren die sich wechselseitig bedingenden Wesensmerkmale des kleinbäuerlichen Produktionsverhältnisses. Dies band möglichst viele Menschen an die Landwirtschaft und verhinderte damit so manche Auswanderung – ließ jedoch einen wirklichen Fortschritt und eine nachhaltige Lösung des Eifeler Armutsproblems nicht zu.

Aber war das nicht trotzdem eine humane Lösung? War nicht das Schlimmste, was einem Menschen passieren konnte, die Sicherheit der Familie, der Kirche, die Sicherheit der erklärenden Geschichten und das Behütetsein im Dorf verlassen zu müssen, um in der Fremde, in der Einsamkeit, in einem aus Eisen und Stein erbauten Fabrik-Inferno einer stupiden, immer gleichen Arbeit nachzugehen? Dann lieber auf kleinsten Höfen, immer mit dem Hunger ringend, dafür stets eingebettet sein Dasein fristen. Die Bauern haben also verständlich gehandelt, wenn auch ihre Lösung nicht in die Marktwirtschaft integrierbar war. Gab es überhaupt Alternativen? Ein genossenschaftliches Arbeiten wäre wohl mit dem Wunsch nach Bindung an Grund und Boden vereinbar gewesen. Zusammen in Gemeinschaft wären damit wahrscheinlich ein bescheidenes Mehrprodukt und auch ein kleines finanzielles Einkommen organisierbar gewesen. Theorie und Praxis der Genossenschaften hätte man im benachbarten Westerwald kennenlernen können. Aber da standen sich die Eifeler Bauern mit ihrem Festhalten am Gewohnten vielleicht doch selbst im Weg.

## »Wir haben von der Welt doch nichts mitgekriegt«

*Informations-, Verkehrs-, Wasser- und Energieversorgung*

Als ich noch jung war, lief bei uns am Haus vorbei als einzige Zufahrt ein morastiger Feldweg. Wenn man da durchgehen wollte, musste man den Rock heben. Nur im Sommer war es einigermaßen sauber, wenn es einige Wochen nicht geregnet hatte. Auch die Straße nach Auderath und Wollmerath war noch lange Zeit nicht mehr als ein breiter Feldweg. Erst Anfang der 1960er Jahre wurden die Straßen geteert. Die Straße durchs Dorf war ja schon ein paar Jahre vorher gepflastert worden. Hier im Ort die Wege wurden erst 1970, glaub ich, geteert, als man die Kanalisation legte. Es war schlimm. Der ganze Dreck aus den Spülbecken, vom Waschen und teilweise Jauche floss einfach über die Wege und dann irgendwo den Berg runter. Man muss aber dazu sagen, dass die Wege damals nicht so kaputt waren wie heute, weil es keine Traktoren gab. Bei der Kanalisation mussten sie fast jeden Meter sprengen, so festen Fels haben wir hier.

Zur Kommunion sind die Kinder damals mit ihren Eltern nach Cochem gegangen. Der Weg war uns nicht zu weit, denn wir kamen zum ersten Mal in eine Stadt. Schon wochenlang haben wir uns darauf gefreut. Man hatte uns bis dahin ja schon viel erzählt von einer Stadt. Wir waren so aufgeregt – und so erging es uns immer wieder, wenn wir später auf unserem weiten Weg zum Markt oder zu den Geschäften wanderten. Wenn man auf der alten Straße den Cochemer Berg runtergeht, da kommt man an diese Kurve, wo man das ganze Moseltal sehen kann. Ganz oft wäre ich am liebsten von dort gar nicht mehr weggegangen. Anfangs kamen mir immer vor Freude die Tränen. Die Strapazen des vor allem im

Winter doch recht weiten Weges zum Markt waren vergessen. Ich sah die breite Mosel, die Stadt mit den vielen Häusern und die Burg und ich dachte, ich hätte alles, die ganze Welt.

Die Post kam damals aus Ulmen. Der Briefträger kam jeden Tag über Meiserich durch das Üßbachtal nach Filz und wieder über Auderath zurück nach Ulmen. Das muss man sich mal vorstellen: Mit dem Fahrrad unten am Üßbachtal entlang und dann den steilen, langen Berg hoch nach Filz – jeden Tag. Erst nach dem zweiten Krieg wurde in Auderath eine Posthalterin[35] eingesetzt.

Wasser haben wir früher bei Tele im Wiesenbrunnen geholt oder unten am »Ehlebŏr«. Manche Häuser hatten auch im Keller noch einen Brunnen. In Filz war es manchmal so trocken, dass die Brunnen hier oben im Dorf alle leer waren. Da sind wir nachts runter zum »Ehlebŏr« in der Hoffnung, dass sich wenigstens da unten was angesammelt hätte. Die Wasserleitung kam 1929. Da hat Hein zwei Jahre mitgeschafft und viel Geld verdient: 52 Pfennig in der Stunde. Aber es war eine schwere Arbeit: Gräben, die zwei Meter tief waren, mit der Hand gegraben! Das Wasser kommt vom Ulmener Maar – auch heute noch. Ach, als die ersten Autos kamen, da war was los. Wir wohnten ja hier in Filz so hoch, und wenn wir etwas gehört haben von Auderath herkommen, da haben wir alle zusammengerufen und nix wie hin zur Straße. Wir sind den Autos nachgelaufen bis zum Ortsrand. Später in Lutzerath kamen schon drei bis vier Autos am Tag durch den Ort. Anfang der 1950er Jahre haben sich Helmut und Karl-Heinz das erste Auto hier in Fliz gekauft. Hein hat sich geschämt, dass ausgerechnet seine Söhne damit anfangen. Er ist auch in der ersten Zeit nicht mitgefahren. Lieber ging er zu Fuß, wie die anderen Leute. Der Lutzerather Arzt hatte als Erster sein Auto. Vorher hatte der nur ein kleines Fuhrwerk mit einem alten Gaul,

35 Auf einer Postsammelstation, die von Ulmen aus motorisiert beliefert wurde.

der jeden Moment hätte zusammenfallen können, so alt war der.

Ich weiß noch, dass – als Hitler ans Ruder kam – der Bürgermeister bei uns das erste Radio im Ort bekam. Und das stellte er dann abends ins Fenster und das halbe Dorf stand drum herum und hörte den Hitler reden. Wir kannten doch kein Radio und keine Zeitung. Alles, was wir wussten, wussten wir vom Pastor, Bürgermeister und Lehrer. Wir haben von der Welt nichts mitgekriegt. In den 1930er Jahren, wenn die Leute etwas Geld hatten, haben sie wenigstens den »Paulinus« gekauft. Das war die Zeitung vom Bistum Trier und streng katholisch. Die wurde dann auch den Nachbarn zum Lesen gegeben.

Die Stromleitung wurde 1921 gelegt. Als die dann fertig war, das vergesse ich mein Himmellebtag nicht mehr, da haben wir am Nachmittag schon darauf gewartet, dass es dunkel wurde, damit wir Licht anmachen durften. Da wollte jeder als erster anmachen. Jedes Haus hatte höchstens drei bis vier Lichter im Haus und sonst gar nichts, weder Steckdosen noch Licht im Stall. Oh, meine Mutter war immer sehr ängstlich. Die fragte die Männer von der Firma: »Kann da auch nichts passieren?« Da gab es Häuser, die hatten im Monat höchstens zwei KWh verbraucht, so sparsam war man damit. Vorher hatte man ja nur Petroleumlampen.

## Verkehr und Information

Dort, wo heute jede Familie Telefon, Radio, Fernseher, PKW und einen Internet-Anschluss besitzt, drangen bis vor siebzig Jahren nur spärlich Nachrichten zu den Menschen. Welche Mühe kostete es doch, einen Brief mit dem Fahrrad durchs Üßbachtal und den steilen Berg hoch nach Filz zu transportieren! Nur selten hörte man Neuigkeiten von den Händlern, den Landstreichern oder dem fahrenden Volk. Eine Zeitung zu kaufen war nur den wenigsten finanziell möglich – und wenn, dann war es ein Blatt der Kirche, die hier sowieso durch die Predigten und Hirtenbriefe des Pastors das Meinungsmonopol besaß. In der Kirche wurde den Menschen nicht nur gesagt, was sie glauben sollten, sondern auch, welche Informationen wichtig für sie waren, welchen sie trauen sollten und welchen nicht.

Bei der Frage, warum die Dörfer damals keine ausgebauten Verbindungsstraßen hatten, warum Nachrichtenübermittlung und Energieversorgung nicht auf dem Stand der Zeit waren, wie das in den umliegenden Städten zu beobachten war, sollte man sich vor Augen halten, dass Güter-, Nachrichten und Energietransportwege nur dann eingerichtet werden, wenn sie wirtschaftlich notwendig sind. Erst wenn Güter in großem Umfang transportiert werden müssen, werden auch entsprechende Straßen gebaut. Aber der Transport von Waren war die ureigenste Beschäftigung der Kaufleute, der Bürger in den Städten. Deswegen verliefen nur zwischen den Städten so gut ausgebaute Fernstraßen. Und dort, wo Güter umgeschlagen wurden, benötigte man auch möglichst aktuelle Informationen von den Märkten, von deren Angebots- und Nachfragesituation.

Die Bauern in unseren Dörfern, die nur sich selbst versorgten, fast völlig autark waren und so gut wie nichts kauften, waren an Fernstraßen nicht interessiert. Dörfer, in denen kein Gewerbe und keine Fabrik ansässig waren, wurden erst ganz am Schluss mit Energie versorgt. Dass die Eifel für viele Städter »am Ende der Welt« lag und die Bewohner sogar »hinter dem Mond« lebten, lag also nicht etwa an der Dummheit und Sturheit der Menschen, sondern resultierte aus der Art und Weise, wie sie arbeiteten. Diese Jahrhunderte währende Abgeschiedenheit des dörflichen Lebens sicherte vor dem Eindringen neuer, libertärer Gedanken und politischer Unberechenbarkeit und erleichterte so auch der Obrigkeit, die Menschen – oft auf dem Weg über die Religion – in ihrem Sinne zu beeinflussen.

# BRAUCHTUM UND TRADITION

»In vielen Häusern gab's auch an Kirmes nicht viel mehr als Bratkartoffeln mit Eiern. Am Montag nach der Kirmes wurde von den Junggesellen die Kirmes begraben. Sie zogen durchs Dorf und einer hatte auf einer Heugabel einen Kuchen aufgespießt, und ein anderer trug eine Buhnelaz mit ein paar Kleidern dran. Dabei sangen sie die Passion Christi.«

## »Bes Sundich ŏs jo Usterdach«

*Osterrappeln ersetzen Kirchenglocken*

Von Gründonnerstag bis Ostersamstag wurden die Kirchenglocken stillgelegt, weil alles still sein sollte, weil das die drei Leidenstage unseres Herren sind. Da hab ich mich als kleines Kind schon dran gestört, dass Karfreitag kein hoher Feiertag ist, weil doch da unser Herrgott für uns gestorben ist. Das müsste doch ein richtiger Feiertag sein! Ja, und in dieser Zeit sind die Jungen und Mädchen rappeln gegangen, damit die Leute wussten, wie spät es war. Eine Rappel ist ein Holzkasten mit einer Drehkurbel, mit der im Kasten Holzhämmerchen bewegt und Krach gemacht wurde. Mit einer Hand nahm man die Rappel, mit der anderen drehte man. Man ging morgens um sieben Uhr, mittags um zwölf Uhr und abends um sieben Uhr. Das war vielleicht ein Spektakel, wenn der ganze Trupp daherkam und alle rappelten. Früher bei uns waren auch die Mädchen dabei. Die hatten allerdings nur Kläppern. Eine Kläpper war ein kleines Brett mit einem Stiel, den man in die Hand nahm und mit dem man oben auf dem Brett einen Holzhammer hin- und herwarf. Später waren dann die Mädchen nicht mehr dabei. Ich weiß auch nicht, warum. Vor jedem Haus hob der Oberste, das war der Älteste, die Hand und alle sangen. Morgens wurde nur kurz »Bätglohk« (Betglocke) gesungen. Mittags:

Mettach, Honnekrach, bes Sundich ŏs jo Usterdach. Da hätte mer jer de Eier jebaach. Hept de Hoas, danzt de Hoas, lacht de Heer, dat sehmer jer.[36]

---

36 Mittag, Hahnenkrach, am Sonntag ist ja Ostertag. Dann hätten wir gerne die Eier gebacken. Hüpft der Hase, tanzt der Hase, lacht der Herr, das sehen wir gerne. »ŏ« steht für ein betontes »o« (wie: Ofen) – »o« für ein unbetontes »o« (wie: offen).

Abends wurde gesungen:

Zehŏf, ber net nohkitt, dä lŏf.
Zesomme, ber net nohkitt, dä mŏss sich schomme[37]

Samstagmittags ging man in die Häuser und sammelte den Lohn ein, in Form von Eiern oder Geld. Damals hat man höchstens zwei Eier gegeben.

Am Karfreitag um drei Uhr war die Messe. Es war die einzige Messe im ganzen Jahr, in der Messdiener und Pastor schwarze Gewänder anhatten. Bei der Messe haben die Messdiener statt der Schellen auch die Kläppern gebraucht. Abends war dann die letzte Kreuzwegandacht. Da gingen wir vorher dreimal rappeln und nachher noch mal. Wir sangen beim ersten Mal »Echt mol Andacht«, das zweite Mal »Zweit mol Andacht«, beim dritten Mal »Zehof ...« und danach »Bätglohk«. Das alles macht man heute auch noch so.

37 Zuhauf, wer nicht nachkommt, der lauf. Zusammen, wer nicht nachkommt, der muss sich schämen. Die Sprüche müssen bereits sehr alt sein, denn mit dem Herrn, der lacht, werden wohl die Junker von Wollmerath gemeint sein – und die gab es nur bis 1789.

## »Aber die Kerle mussten aufpassen«

*Maibaum und Streiche*

In der Nacht zum Ersten Mai und schon am Tag vorher wurde der Maibaum aufgestellt. Das war eine Arbeit! Der große Baum war bestimmt ein bis zwei Festmeter groß und musste mit Pferden aus dem Wald geschleift werden. Aber noch schlimmer war das Aufstellen. Stundenlang haben sie daran geochst, nur mit Stützen und Muskelkraft. Manchmal haben sie bis nachts elf, zwölf Uhr gebraucht. Aber damals machten das nicht nur die Junggesellen – auch die Männer halfen mit. Heute stellen sie ja nur noch die Spitze auf, das Hauptstück wird sofort im Wald liegengelassen und verkauft. Anschließend haben sie ein großes Feuer gemacht, gesoffen und gesungen. Im Laufe der Nacht sind sie dann durchs Dorf und haben Schelmenstückchen gemacht. In einem Haus haben sie die Haustür voll Mist gesetzt, im anderen haben sie alle Türen ausgehangen und untern Maibaum gestellt, dem anderen haben sie den Wagen weggerollt oder auseinandergebaut. Aber die Kerle mussten aufpassen. Es waren immer welche von den Nachbardörfern unterwegs, die einen fremden Baum absägen wollten. Es ist oft vorgekommen, dass ein großer, stattlicher Baum noch in derselben Nacht wieder abgesägt wurde. Oh, das gab meistens eine Klopperei! Aber das alles haben die Kerle gemacht, die Mädchen machten höchstens einen Kranz aus Stroh, der dann oben an der Spitze festgemacht wurde. Viele Bändchen flatterten daran. Wir haben uns immer viel Mühe gemacht.

## »Schönste aller Schönen, was hör ich von dir?«

*Heirat und Kirmes*

Wenn ein Junge vergebens zu einem Mädchen freien kam, also wenn sie einen anderen heiraten wollte, dann wurde der Junge von den Mädchen »jekerwt«. Es wurde ein großer Korb ohne Boden reingebracht. Durch den musste der Junge dann kriechen und anschließend einen ausgeben.

Wenn ein Junge einige Zeit zu einem Mädchen freien kam, wurde ihm von der Jugend des Dorfes, wo das Mädchen wohnte, der Schnaps aufgebunden. Die Jugend kam dann einfach rein, stellte sich vor den Tisch und sagte ein Gedicht auf. Die beiden wären ja fest versprochen und er müsste jetzt einen ausgeben.

Das wurde alles abends bei der Tanzmusik gemacht. Ja, die Kirmes war früher viel schöner als heute, und sie ist heute noch viel schöner als irgendwo in der Stadt. Die Kirmes war früher ein Fest mit gutem Essen. Zuerst kam auf den Tisch: Suppe, dann Bratwurst, Möhren, Kartoffeln, dann Schweinefleisch mit Gemüse, dann Rindfleisch mit Gemüse, zuletzt gab es dann noch Pudding. Das gab's natürlich nur in Familien, die noch gut dran waren. In vielen Häusern gab's auch an Kirmes nicht viel mehr als Bratkartoffeln mit Eiern. Am Montag nach der Kirmes wurde von den Junggesellen die Kirmes begraben. Sie zogen durchs Dorf und einer hatte auf einer Heugabel einen Kuchen aufgespießt, und ein anderer trug eine Buhnelaz[38] mit ein paar Kleidern dran. Dabei sangen sie die Passion Christi. Aber sie meinten damit nicht unseren Herren, sondern die Kirmes. Es war dann die Kirmes, die sie begruben. Während sie durchs Dorf zogen, spielten sie

38 Bohnenstange.

die einzelnen Stationen der Passion – nur mit der Kirmes. Das war immer sehr schön anzusehen.

Das mit dem Kuchenaufspießen gab es auch bei der Hochzeit. Nachmittags zog die ganze Hochzeitsgesellschaft durchs Dorf. Da kamen alle Leute aus den Häusern und grüßten. Und da ging auch ein Junggeselle mit, der einen Kuchen aufgespießt hatte, und alle Kinder versuchten, daran zu kommen. Aber vor der Hochzeit wurde die Hillig[39] gefeiert. Das war immer sehr, sehr schön. Die Hillig wurde immer im Dorf gefeiert, wo das Mädchen herkam. Da haben die Junggesellen abends, wenn es dunkel war, einen Wagen mit großen Speichenrädern aus Holz aufgebockt – diese Räder hatten ja einen dicken Eisenbeschlag. An das Rad haben sie dann eine lange Kette dran gemacht. Ein paar Kerle standen an der Kette und haben damit das Rad so schnell gedreht, dass man die Speichen nicht mehr sehen konnte. Dann stellten sich zwei links und rechts an das Rad und hielten eine alte Sense an den Eisenring vom Rad. Junge, das gab vielleicht einen Krach! Und die Funken sprühten, wie bei einem Schmiedeschleifstein. Dabei schrien alle Kerle und hauten dabei auf große Blechtöpfe. Das hat sich alles im Hof von dem Haus abgespielt, wo die Hillig war. Das ganze Dorf stand drum herum und sah zu. Das war ein Spektakel! Das Krachmachen kam noch von ganz früher. Damit sollten noch vor der Hochzeit die bösen Geister vertrieben werden. Nach dem Spektakel haben sich die Kerle aufgestellt und das Hilliglied gesungen:

> Schönste aller Schönen, was hör ich von di?
> Du willst dich heiraten, wie schwer fällt es dir!
>
> Willst du dich heiraten, du schönes junges Blut,
> so wirst du erfahren, was heiraten tut.
>
> Hast du kleine Kinder, dann hast du große Not.
> Sie schreien zum Vater: Wir haben kein Brot.

39 Polterabend.

Bald hast du kein Brot, bald hast du kein Geld.
So hör doch die schöne Trompete im Feld.

Die schöne Trompete, die schöne Schalmei:
Bleib du mir mein Liebchen, ich bleibe dir treu.

Das mit der Trompete sollte heißen, dass man nicht daran glauben sollte, wenn vom Heiraten in höchsten und schönsten Tönen geredet wird. Anschließend wurde dem Hilligpaar der »Hilligstecke« übergeben. Das war ein krummer, verwachsener und dicker Stock, der so lange in dem Haus blieb, bis das nächste Mädchen im Dorf Hillig hatte. Jedes Paar musste in den Stock eine Kerbe reinschnitzen. Dann gingen die Junggesellen mit ins Haus und haben da gefeiert.

# »Der Schwarze kommt und holt dich«

*Martinsfeuer, Nikolaustag, Weihnachten*

So zwei bis drei Wochen vor dem Martinstag waren die Jungen nach der Schule nur im Wald, Holz schleifen für das Martinsfeuer. Wenn im Wald Holz gemacht wurde, blieben ja immer die Spitzen und die Äste der Fichten liegen. Die wurden dann zusammen geschleift und mit dem Wagen abgeholt. Manchmal war der Holzhaufen so groß wie ein kleines Haus. In der Mitte stand ein kleiner Fichtenbaum. Die Mädchen haben dafür immer einen Kranz oder eine Strohpuppe gemacht. Alles andere haben die Kerle gemacht. Für den Martinsumzug haben wir uns Fackeln gemacht – oft aus Rüben, die ausgehöhlt wurden und in die ein Gesicht geschnitten wurde. Innen drin wurde eine Kerze aufgestellt. Oft kamen wir durchgefroren am Feuerplatz an. Die vier ältesten Kerle – es haben nur die mitgeholfen, die noch in die Schule gingen, wie beim Osterrappeln – haben dann das Feuer angesteckt. Junge, da wurde uns aber schnell warm! Die Flammen schlugen manchmal vier, fünf Meter hoch. Es wurden die Martinslieder gesungen, die man heute auch so singt.

Vor dem Nikolaustag hatten wir als Kinder immer sehr viel Angst. Die Junggesellen sind dann von Haus zu Haus, wo kleine Kinder waren. Einer von denen war als Nikolaus verkleidet, der andere als Schwarzer. Der Nikolaus hat ja nie was gemacht. Der hat immer nur gesagt, die Kinder sollten brav sein, und hat ihnen die Teller mit Süßigkeiten gegeben. Aber der Schwarze – da fingen wir schon an zu zittern, wenn es draußen an der Haustür rappelte. Der war ganz schwarz angezogen, sogar einen schwarzen Strumpf hatte der übers Gesicht gezogen. Auf dem Rücken hatte er einen Sack, aus dem zwei Beine herausguckten. Man sagte immer, dass das ein

Kind wäre (sei), das nicht brav und gehorsam war. Der kroch nur und schlug mit seinen Eisenketten richtig fest auf den Boden. Die Kerle taten dann immer so, als ob sie ihn mit Leibeskräften festhielten. Oft ließen sie ihn auch los. Dann kam er in die Küche, schlug mit der Kette um sich und brüllte da rum und versuchte, uns am Bein zu packen. Wir haben geschrien vor Angst und sind unserem Vater fast auf den Kopf geklettert. Jedes Mal sagte dann der Nikolaus, dass wir jetzt noch mal davonkämen, aber nur, wenn wir versprechen würden, unseren Eltern im nächsten Jahr zu folgen. Das haben wir immer gerne versprochen. Manchmal haben wir nachts im Bett noch gezittert, und die Kerle hatte ihren Spaß. Das ganze Jahr hieß es: Wenn du nicht gehorchst – der Schwarze kommt und holt dich!

Am Heiligabend sind die Mädchen aus dem Dorf von Haus zu Haus gezogen, wo noch Kinder waren. Eins von denen war als Christkind verkleidet und sah an sich aus wie eine Hochzeitsbraut.

## »Aber da musste man erst recht durchbeten«

*Gott als Dünger und Strafe*

An den drei Tagen vor Fronleichnam gab es drei große Bittprozessionen. Die Prozessionen gingen über die Felder. Dabei wurden die Felder gesegnet und gebetet, dass eine gute Ernte kommen sollte. Die Ernte sollte verschont werden von Trockenheit, Sturm und Platzregen. Die Palmwedel, die am Palmsonntag in der Kirche gesegnet wurden, haben wir nicht nur auf alle Zimmer im Haus, sondern auch auf alle Felder verteilt. Oft haben wir wegen unserer Frucht zu unserem Herrgott gebetet. Die Prozessionen gingen zu den Heiligenhäuschen, die in den Feldern standen. Die sind gebaut worden als Gelübde, wenn einer Familie von unserem Herrgott geholfen wurde. Auf dem Filzer Land stehen vier Heiligenhäuschen. Da hinten, das auf dem Acker, muss schon uralt sein, denn der Flur dort heißt Kerzenstein.

Die Prozession an Fronleichnam war herrlich. Sie ging innerhalb von Wollmerath an vier Altären vorbei, die vor Heiligenhäuschen oder Hauseingängen aufgebaut waren. Der ganze Prozessionsweg war mit einem Teppich aus Blüten und Pflanzen ausgelegt. Da sind die Frauen und Kinder schon Tage vorher raus und haben korbweise Ginsterblüten und andere Blumen von Wiesen und aus dem Wald geholt. Die wurden dann in Mustern auf die Straßen verteilt. Die Muster mussten vorher mit Kreide aufgemalt werden. Das war ein prächtiges Bild. An beiden Straßenrändern wurden alle paar Meter junge Buchenzweige, die gerade ausgeschlagen waren, in die Erde gesteckt.

Am Margaritentag im Juli gab es noch eine weitere große Prozession. Das war ein ganz altes Gelübde aus der Zeit, wo die Pest hierum hauste. Jedes Jahr musste dieser Gang gemacht werden. Dabei zog die ganze Pfarrei – also Filz, Wollmerath und Wagenhausen – nach Driesch, mit dem Pastor an der Spitze. Auch wenn es lange nicht geregnet hat, sind wir nach Driesch gezogen und haben dort gebetet. Wenn es trocken war und die Prozession war noch nicht gewesen, sagten die Driescher und Lutzerather immer: »Oh ja, es bleibt weiter trocken, die Wollmerather waren noch nicht hier und haben gebetet.«

Was auch groß gefeiert wurde, ist das Erntedankfest. Da wurde ein großer Strauß gebunden aus Korn, Gerste, Hafer und Blumen – aus jedem Haus. Die Sträuße hat man mit in die Kirche geholt. Da hat sie dann der Pastor gesegnet. Das war also ein Dankfest für unseren Herrgott, der uns bei der Ernte beigestanden hat. Das war ein Bild: die ganzen bunten Sträuße in der Kirche! Und wenn im darauffolgenden Jahr jemand aus der Familie gestorben ist, hat man einen Teil des Straußes mit ins Grab gelegt.

Vor und nach jeder Mahlzeit wurde früher gebetet. Oh, da hat man früher drauf geachtet! Vorher: »Vater unser, segne uns Deine Gaben, die wir von Deiner milden Hand empfangen werden, durch Christus, unseren Herren, Amen.« Nachher: »Vater unser, wir danken dir für Deine Gaben, die wir von Deiner milden Hand empfangen haben, durch Christus, unseren Herren, Amen.«

Bevor ein Brot angeschnitten wurde, wurde immer zuerst mit dem Brotmesser ein Kreuz auf die runde Seite geschnitten. Man durfte dann auch niemals das Brot auf diese runde Seite legen. Niemals! Man sagte, wenn ein Kind brennt und ein Brot liegt auf der runden Seite, dann muss man zuerst das Brot wieder richtig legen und dann erst das Kind retten.

Wenn es ein schweres Gewitter gab, bin ich immer aufgestanden. Das mache ich heute noch. Früher hat man doch keine Blitzableiter gehabt. Wie oft hat es da ins Haus eingeschlagen und gebrannt. Gerade hier in Filz, wo wir doch so hoch liegen. Da habe ich Kerzen aufgestellt und habe den Rosenkranz gebetet, dass das Gewitter keinen

Schaden machen sollte. Wenn es besonders schlimm tobte, haben wir mit der ganzen Familie unten gesessen, fertig angezogen, und haben gebetet. Und was hatten wir für eine Angst manchmal! Aber da musste man erst recht durchbeten. Das half. Wenn es eingeschlagen hätte, hätte man wenigstens noch die Familie und die Papiere retten können. Vielleicht auch noch das Vieh. Oft hat der Blitz hier bei uns in die Dachspitze eingeschlagen, hinten überm Schweinestall. Aber es hat nie einen Brand gegeben – die Blitze waren zu schwach. Man nannte das »kahle Schlaach«[40]. Wegen dem Sturm haben wir die Dachkante abgerundet. Denn versichert war damals so gut wie keiner. Das muss man sich vorstellen: das Haus abgebrannt, alles Futter vernichtet, vielleicht sogar noch das Vieh kaputt. Alle Arbeit umsonst. Ich habe mich immer gefragt: »Warum muss unser Herrgott solche Leute nur so bestrafen?«

In Lutzerath war eine Frau mit ihren zwei Kindern im Feld. Auf einmal fing das Gewitter an. Sie hatte nicht gemerkt, dass schwarze Wolken aufgezogen waren. Und da hinten bei Kennfus, da haben zwei schwere Buchen gestanden. Da ist sie schnell hingelaufen, weil es doch hieß: Buchen sollst du suchen. Als sie dahin geflüchtet war, hat sie sich hingesetzt und nahm das Kleinste auf den Schoß. Die Größere stand neben ihr. Auf einmal gab das einen Knall, da war der Blitz in die zwei Buchen geschlagen. Die Frau hat überlebt, das große Mädchen auch, nur das kleine Kind in ihrem Schoß war erschlagen worden. Was für eine Strafe für die arme Frau!

Früher waren die Leute sehr, sehr fromm. Als meine Mutter nach dem Krieg operiert wurde, heilte die Wunde nicht zu. Sie musste drei Jahre lang liegen und gepflegt werden. Vor dem Verbinden musste ich immer einen Schnaps trinken, um den Eitergestank zu ertragen. Fast täglich kamen die Schwestern vom Kloster Waldfrieden, um nach ihr zu sehen. Doch die Frau hatte immer noch Hoffnung. Vor dem Stubenfenster rankte damals noch

40 Kalter Schlag.

ein Weinstock mit vielen Blättern. Für jedes Jahr, das sie von innen sah, hat sie sich einen Heiligen vorgestellt, zu dem sie gebetet hat, den ganzen Tag.

Wenn jemand gestorben war, haben die Leute drei Tage und Nächte Totenwache gehalten. Der Tote war zu Hause im Bett aufgebahrt, und die Leute saßen drumherum und beteten. Manchmal kamen dann auch die Kinder aus dem Dorf, um den Toten noch mal zu sehen. Die Särge wurden damals schon gekauft, sie kamen vom Ulmener Schreiner. Der Tote wurde dann mit einem Pferdegespann und Prozession nach Wollmerath zum Friedhof gebracht.

Wenn es nun schlechtes Wetter war, war es eine fürchterliche Tour. Bei der Beerdigung war fast aus jedem Haus der Nachbarschaft einer dabei. Der Sarg wurde von den Nachbarmännern des Verstorbenen getragen und ins Grab gelassen. Die mussten einen Tag vorher auch das Grab ausheben. Nicht selten war das eine gruselige Angelegenheit. Oft haben die beim Graben Totenköpfe und andere Knochen rausgeholt, und es war oft däister[41], wenn die angefangen haben. Die mussten den ganzen Tag doch arbeiten. Danach gab es dann in der Wirtschaft oder zu Hause Kaffee und Kuchen für die Trauergäste. Da ging es hoch her, denn da kamen viele zusammen, die sich schon lange nicht mehr gesehen hatten. Heute bestellt man ein Beerdigungsinstitut, das alles für einen erledigt. Es will doch heute keiner mehr Zeit haben. Sogar den Kuchen macht man nicht mehr selbst, der ist nämlich auch beim Bäcker bestellt. Früher versuchten möglichst viele Angehörige, beim Sterben dabei zu sein. Heute stirbt man allein im Krankenhaus.

Jedes Haus besaß früher eine Sterbegarnitur. Die wurde aufgestellt, wenn jemand gestorben war. Das waren ein Standkreuz, eine Marienfigur, ein Weihwasserkessel, ein Handtuch, um sich die Hände abzuputzen, und Salz für die Totenweihe. Unsere Sterbegarnitur habe ich immer bei uns im Schlafzimmer stehen. Damit sie direkt parat ist, wenn der Herrgott uns holt.

41 Dunkel.

# FORTSCHRITT UND WANDEL

»Damals konnte man mit den Leuten reden – heute hat doch niemand mehr Zeit! Damals haben wir mit Kühen die ganze Arbeit gemacht und hatten Zeit. Heute arbeiten sie mit Traktoren und haben keine Zeit.«

## »Das war ein Murks früher«

*Tiefgreifende Veränderungen in der Landwirtschaft*

Früher haben Hein und ich, wie alle anderen auch, das Getreide mit der Sense abgemacht. Hein stand an der Sense und ich habe die Garben gebunden. An einem Tag haben wir höchstens einen Morgen geschafft, und da mussten wir schon drauf und drauf arbeiten, dass wir abends kaputt waren. Ich konnte so schnell das Getreide aufheben und binden, dass Hein oft sagte: »Bleib zurück, sonst haue ich dir die Sense noch in die Arme.«

Das wurde hier in den Dörfern noch lange Zeit so betrieben. Erst Anfang der 1940er Jahre haben wir uns eine Mähmaschine gekauft. Anschließend mussten die Garben ja noch aufgestellt werden. Das war ein Murks früher, das glaubt heute niemand mehr. Aber in fünfzig Jahren wird man genauso über unsere heutige Zeit reden.

Gedroschen wurde das Getreide früher nur im Winter. Im Sommer war dafür keine Zeit. Wir hatte eine große Tenne, und so konnten wir achtzehn Garben anlegen, an jeder Seite neun. Die Spitzen wurden zusammengelegt. Dann haben entweder drei oder fünf Leute mit dem Dreschflegel gedroschen, wie im Musiktakt. Das war ein schönes Geräusch. Ich habe immer gesehen, dass ich angefangen habe, dann mussten sich die anderen danach richten. Das war am einfachsten. Hier in Filz haben wir noch so gedroschen, bis ich geheiratet habe, also bis 1928.

In Lutzerath gab es da schon ganz kleine Maschinen. Die hatten ein großes Schwungrad, das von drei Leuten angetrieben wurde. Zwei haben die Garben reingesteckt, und zwei kehrten Stroh, Spreu und Getreide zusammen; das kam alles zusammen unten aus der Maschine. Roggen konnte man damit nicht dreschen, die Halme waren zu lang. In Lutzerath gab es damals bestimmt zehn

Maschinen von der Sorte. Die gehörten Bauern, die viel Geld hatten. Einige Bauern hatten für die Maschinen auch ein Göpelwerk[42]. Da trieben Ochsen und Pferde die Maschinen an. Aber diese Maschinen gab es nur ein paar Jahre. Dann kamen die Dreschmaschinen, die mit einer Dampfmaschine angetrieben wurden. Die Maschinen haben Stroh, Spreu und Körner auch schon getrennt ausgeworfen. Da stand hier die Dreschmaschine und daneben die Lok. Die musste immer gestocht werden. Dazwischen war ein breiter Riemen zum Antrieb. Damit brauchte ein Bauer höchstens noch vier bis fünf Stunden für seine ganze Frucht. Ein paar Jahre vorher mussten wir dafür noch tagelang in der Scheune stehen und mit dem Dreschflegel dreschen. Aber bei der Dreschmaschine musste schon das ganze Dorf helfen. Da wurde für alle gedroschen. Da half jeder mit, egal, wer gerade dran war. Das war immer sehr schön. Fünf bis sechs Kerle haben hinten das Stroh, was aus der Maschine rauskam, zusammengebunden und wieder gestapelt. Einige standen oben auf der Dreschmaschine und haben die Garben mit der Frucht zum Maschinisten weitergegeben. Der hat sie dann oben in die Maschine gesteckt. Unten standen einige, die die Frucht in Säcke laufen ließen und die Säcke wegtrugen. Das war eine Gaudi! Ja, wir hatten früher mehr Spaß gehabt als heute, weil wir mehr zusammen waren.

Einmal haben die Frauleut den Maschinisten einen Streich gespielt. Da hatten wir gerade Mittag gemacht, und die Kerle saßen bei uns im Hof. Die Frauleut waren aber wieder heimlich auf den Hinnig und haben an die Dampfmaschine ein Gewicht drangehängt, dass die dauernd tutete. Da sind die Kerle aufgesprungen und nix wie ab auf den Hinnig, den Frauleut hinterher. Und sie haben sie noch gekriegt. Das war eine Kreischerei! Sie haben alle Frauleut gepackt und ganz mit Maschinenfett eingeschwärzt. Wenn heute einer jemand das Kleid vollmachen würde, der würde direkt angezeigt. So ist das heute,

42 Drehvorrichtung zum Antrieb von Maschinen.

da versteht keiner mehr Spaß. Obwohl sie doch den ganzen Schrank voll mit Kleidern hängen haben.

Die Mähmaschine, die wir 1942 bekommen haben, hatten wir auch nur ein paar Jahre. Nämlich in den 1950er Jahren kamen die ersten Binder nach Filz. Was war das für eine Arbeitsersparnis! Die Maschine konnte mähen und automatisch die Halme zu Garben binden. Sie brauchten dann nur noch zur Trocknung aufgestellt werden. Wir haben uns damals keinen Binder leisten können. Der Schwiegervater von Karl-Heinz kam immer mit zwei Pferden und dem Binder von Lutzerath und hat uns alles gemacht. In einer Stunde hatten wir ein ganzes Feld ab, und es war vier Morgen groß. Früher haben wir für einen Morgen mindestens zwölf Stunden gebraucht. Als wir fertig waren, sagte die Frau von Karl-Heinz: »Hätten wir doch schon die Garben aufgestellt.« Das muss man sich mal vorstellen, da war es den Leuten schon zu viel, die Garben aufzustellen. Das muss man sich mal vorstellen! In der Zeit hatten die Dreschmaschinen schon nicht mehr eine Dampfmaschine als Antrieb, sondern einen Elektromotor. Aber mit dem Binder haben wir noch kürzer gearbeitet als mit der Mähmaschine. Denn kurz darauf waren schon die Mähdrescher da. Da wurde das Getreide schon auf dem Feld gedroschen! Wofür man zwanzig Jahre vorher noch wochenlang gemurkst hat, das konnte man jetzt in ein bis zwei Stunden machen.

Genauso war es mit den Erträgen. Früher war doch alles so dürftig, wir hatten kaum genug zu leben. Dazu kam noch, dass der Boden hier in Filz sehr schlecht ist. Vor meiner Zeit hatte man zum Beispiel versucht, auf dem Hinnig Felder anzulegen. Aber es ging nicht. Der Boden war zu schlecht, es war reiner Fels. Zu meiner Zeit war das schon alles Heide, wo die Schafe geweidet haben, aber nur den Winter über. Während des Sommers wurden die Wiesen verpachtet für die Kühe. Jedes Eckchen wurde früher gebraucht. Da gab es keine Stelle, die nicht abgeweidet wurde. Die Graswiesen hier konnte man nicht in jedem Jahr mähen, so dürftig wuchs alles. Heute ist der Boden bestimmt doppelt so gut wie früher. Die Traktorpflüge reißen doch alles raus und schmeißen den Boden ganz tief um. Mit den Kühen früher, das war eine armselige Angelegenheit. Da konnte man beim Pflügen doch nur den Boden ankratzen.

Den ersten Kunstdünger bekamen wir Anfang der 1930er Jahre – es war »Schwefelsaurer« und »Kalgamon«. Kalk zum Düngen hatten wir ja schon früher. Auf den Morgen Land haben wir so sechzig bis siebzig Pfund Kunstdünger gesät[43]. Heute sät man dreihundert Pfund und weiß den Ertrag fast nicht mehr zu halten.

Als wir nach dem Krieg nach Filz gezogen sind, hat Hein statt dem einschnittigen deutschen Klee den zweischnittigen Luzerne-Klee gesät. Die Bauern haben geguckt. Die dachten, so was würde auf dem Filzer Land nicht wachsen. Genauso mit der Milch: Wir haben den Kühen viel Hafer gegeben. Dadurch hatten wir die meiste Milch im Dorf. Anfang der 1920er Jahre hatten wir so zehn Liter pro Tag Milchertrag pro Kuh – bei schwerer Arbeit der Kühe. Heute hat man oft das Dreifache.

Der Ertrag ist heute so hoch und die Zeit, die man braucht, so kurz; die Bauern können doch heute bequem irgendwo arbeiten gehen und abends die Landwirtschaft machen für den eigenen Bedarf.

In den 1920er Jahren hätte man die Maschinen gar nicht einsetzen können. Durch die ganze Teilerei beim Erben waren die Grundstücke so klein, dass nur wenige Felder von einem Weg aus zu erreichen waren. Da hätten die Maschinen ja über fremde Stücke fahren müssen. Unten in der »Höötebaach«, da gibt es heute so sechs bis sieben Wiesen. Früher hatte da allein der Hervste Pitter zweiundzwanzig Parzellen. Die waren teilweise so klein, da konnte kein Wagen wenden. Deshalb mussten alle Felder von einem Flur immer gleich bebaut werden, zum Beispiel mit Korn. Anders ging es ja gar nicht. In der

43 Mit der Hand eingebracht.

Gemeindeversammlung wurde dann festgelegt, dass ab einem bestimmten Tag mit der Ernte begonnen werden musste.

Wenn man dann die Frucht abgeholt hat, konnte man über die Felder zu seinem Stück fahren, weil ja alles zur gleichen Zeit abgemacht wurde. Hätten da um ein Feld herum Kartoffeln gestanden, wäre man ja zu dem Feld gar nicht hingekommen, weil die ja erst viel später ausgemacht werden. Ja, so war das früher. Da war einer auf den anderen angewiesen. Von 1928 bis 1933 haben sie hier in Filz die Flurzusammenlegung durchgeführt. Danach lag jedes Feld an einem Weg und konnte bebaut werden, wie man wollte.

# »Da kamen die Herren von Lutzerath«

*Der Kampf um die Mähmaschine*

Im Frühjahr 1942 haben wir die erste Mähmaschine bekommen. Damit fiel die mühselige Sensenarbeit weg. Die Maschine kostete 419 Mark. Das war sehr viel Geld.

Irrtümlich hatte ich die Maschine eine Nummer zu groß gekauft – Hein war ja im Krieg. Das kam so: Wir hatten zwei Kühe, und meine Schwiegermutter, die bei uns wohnte, die hatte eine. Hein hatte geschrieben, dass ich mir eine Mähmaschine kaufen sollte, weil ich allein auf dem Feld viel zu lange brauchen würde. Um die Maschine zu kaufen, sollte ich eine Kuh verkaufen. Wenn die Kuh trächtig war, hat man ungefähr so viel bekommen. Aber im September wollte meine Schwiegermutter plötzlich nach Olkenbach zur Schwester von Hein. Die Kuh nahm sie natürlich mit, ihre Sau auch. Und dadurch konnte ich ja keine mehr verkaufen, weil ich die zwei doch brauchte, um sie vor den Wagen zu spannen. Wir hatten versprochen, dass wir die Maschine bar bezahlen wollten. Da mussten wir den größten Teil unseres Getreides verkaufen und davon eine Anzahlung von 219 Mark leisten. Hein war gerade in Urlaub, und so machte er das auf der Kasse. Ich hab mich nicht großartig darum gekümmert – ich hatte andere Sorgen.

Ja, dann kam die Mähmaschine irgendwann. Und im Frühjahr wollte ich an einem Tag gerade raus in den Flur, da kamen auf einmal die Herren von Lutzerath über die Straße stolziert, gerade auf mich zu. Der Herr Kassenrendant[44] und noch andere Lumpen. Da haben die doch glattweg behauptet, ich hätte die Mähmaschine noch nicht bezahlt und ich müsste sie wieder abgeben. Einer von den Lumpen brauchte eine Mähmaschine, und da wollten sie mir meine wegnehmen.

44 Rechnungsführer, Buchhalter.

»Donnerwetter«, dachte ich, »das stimmt doch nicht. Hein hat doch damals was angezahlt.« Aber ganz sicher war ich mir nicht.

Kurz vorher wurde in Lutzerath das Schwimmbad eingeweiht vom Kreisobmann der NSDAP. Der hatte bei seiner Rede gesagt, die Frauen, die jetzt alleine wären und nicht mehr zurechtkämen, könnten bei ihm jederzeit Rat einholen.

»Donnerwetter«, dachte ich, »den fragst du jetzt!«

Und ich sofort angezogen und zum Postauto. In Cochem habe ich die erste Frau gefragt, ob sie mir sagen könnte, wo der Kreisobmann wohnen würde.

Und zufällig war das auch ein hohes Tier vom Hitler. Die hat mich dann zu ihm geführt. Dem habe ich dann alles erzählt. Er hätte doch damals die Rede in Lutzerath gehalten und jetzt käme ich nicht mehr weiter, weil der Kassenrendant und die anderen mir die Mähmaschine abholen wollten und ich wäre mir sicher, dass schon etwas angezahlt wäre.

Darauf hat er sich das Sparbüchlein angesehen und sah, dass schon 219 Mark für den Grasmäher angezahlt waren.

»Oh nein, so geht das nicht«, sagte er, »wie viel Unterstützung bekommen Sie denn?«

Ich sagte, dass ich 60 Mark bekäme und dass ich davon noch einen Gefangenen bezahlen müsste.

»Das gibt es doch nicht!«, sagte er. »Haben Sie sonst noch Schwierigkeiten?«

Ich sagte ja, und dass die Frauen, deren Männer im Krieg wären, noch kein Gramm Kunstdünger bekommen hätten. Die reklamierten[45] Männer, die den Frauen eigentlich helfen sollten, hätten ein stolzes Getreide, und wir Frauen wüssten die Frucht kaum in der Mähmaschine zu halten, so mickrig wär die.

Nun gut, er nahm alles auf und behielt das Kassenbuch da.

45 Vom Wehrdienst freigestellt.

Die Sache hat nun eine Zeit gedauert. Eines Tages wollte ich gerade wieder ins Feld gehen und ich war schon in der Mitte des Dorfes, da kam mir der Kassenrendant entgegen, zackig wie immer, mit etwas in der Hand.

»Heiß«, dachte ich, »das könnte mein Kassenbüchlein sein.« Ich hatte die Geschichte schon einigen Frauen erzählt und die waren alle froh und gespannt, ob die Sache wirklich ins Rollen käme.

»Ich will etwas von dir«, sagte er.

»So?«, sagte ich. »Du willst etwas von mir? Dann lass uns mal nach Hause gehen.«

Zu Hause sagte er: »Du hast uns ja einen gespielt.«

»Was?«, habe ich gefragt. »Wer hat hier einen gespielt? Ihr habt doch gemeint, ihr könnt mit den Frauen machen, was ihr wollt. Die einen Männer überfallen einen, die anderen übervorteilen einen. Wir Frauen sind genauso Menschen wie ihr auch! Das lassen wir uns nicht bieten!«

Die Mähmaschine blieb mir, und ich musste nur fünf Groschen im Monat abzahlen. Kurze Zeit später kam Kunstdünger in den Ort. Die Tochter des Kassenrendants kam zu mir: »Tante, ihr sollt euch den Kunstdünger abholen.« Da hab ich nur geantwortet: »Dann sagst du einen schönen Gruß an deinen Vater, die Reklamierten wären auch dafür da, den Kunstdünger den Frauen nach Hause zu bringen. Das hätte ich gesagt bekommen und ich würde es auch verlangen.«

Die Frauen waren vielleicht froh, dass sie die schwere Arbeit nicht zu machen brauchten. Da haben wir zum ersten Mal Kunstdünger bekommen, und er wurde uns in die Scheune geliefert!

## »Viele Müller saßen damals im Gefängnis«

*Die Schließung der kleinen Getreidemühlen*

Wir haben das Getreide noch bis zum Anfang der 1950er Jahre beim Müller mahlen lassen. Dann mussten die Mühlen von Staats wegen schließen. Da haben die Bauern auf einmal kein Mehl mehr bekommen. Deshalb konnte auch nicht mehr im Backhaus gebacken werden. Wir konnten unser Getreide nur noch verkaufen. Das war auf einmal ein komischer Kram!

In der ersten Zeit haben die Mühlen dann doch noch schwarz gemahlen. Der Wollmerather Müller hatte einmal bestimmt so dreißig Zentner Mehl in einer großen Dornenhecke versteckt – so sagt man. Sie sind aber verraten worden. Bei einer Revision wurde es entdeckt und beschlagnahmt. Die Mühlen wurden regelmäßig nach Mehl und Getreide kontrolliert. Der Wollmerather Müller ist mit einer Mistgabel auf die Kontrolleure losgegangen. Viele Müller saßen damals im Gefängnis. Ihre ganze Existenz war ja dahin.

Die Müller haben dann nach und nach ihre Mühlen stillgelegt und nur noch Landwirtschaft betrieben oder sind arbeiten gegangen. Heute sieht man kein Wasserrad mehr, nur noch ein paar Mühlsteine stehen vor dem Haus.

In der ersten Zeit haben die Bäcker unser Getreide gegen Brot eingetauscht. Aber das hat sich nicht durchgesetzt. Wir mussten unser Getreide verkaufen und auch das Brot beim Bäcker kaufen.

Heute weiß doch keiner mehr, wie viel Getreide er anbauen muss, um ausreichend Brot zu haben. Da geht es nur ums Geld! Heute gibt es noch einen richtigen Bauern hier in Filz. Alle anderen gehen arbeiten und machen dann abends noch ein bisschen Landwirtschaft.

## Der Griff nach den Mühlen

In Mitteleuropa war das Zerkleinern des Getreides – neben dem Säen, Ernten und Brotbacken – über viele Jahrtausende hinweg Bestandteil der bäuerlichen Selbstversorgung im Rahmen der Hauswirtschaft. Die Handmühle gehörte neben Pflug und Sichel zu den wichtigsten Gerätschaften. Die seit dem Mittelalter eingesetzten Wassermühlen brachten dann eine erhebliche Produktivitätssteigerung. Die Mühle, die erste und über lange Zeit einzige landwirtschaftliche Maschine, war jedoch an wasserführende Standorte gebunden, aufwändig in der Herstellung und konnte nur ausgelastet werden, wenn sie für ein oder mehrere Dörfer gleichzeitig mahlte. Dies hatte jedoch entscheidende Folgen. Dadurch, dass die Mühlen an den Bachläufen stehen mussten, waren sie vielerorts aus dem dörflichen Leben herausgelöst. Einer der Bauern hatte sich vorwiegend um die Mühle zu kümmern, konnte in der Folge nicht mehr von der nebenher betriebenen Landwirtschaft leben, sondern musste von den anderen Bauern für seine Tätigkeit entlohnt werden; es entstand der Beruf des Müllers.

Jetzt standen sich dabei aber nicht mehr voneinander unabhängige, weil selbstversorgende Bauern gegenüber, sondern Käufer und Verkäufer. Getreide wurde gegen Mehl getauscht, wobei nur der Müller wusste, wie viel Mehl das Getreide wirklich ergab und wie viel er davon letztlich einbehielt. Dies gab ihm die Möglichkeit, seinen Profit zu steigern. »Nicht selten war der Müller einer der angesehensten und reichsten Leute im Ort.«[46]

Und nicht selten gab es auch heftige Streitigkeiten zwischen Müllern und Bauern, und das Misstrauen der

46 Max Friedrich Becker: Das deutsche Mühlensterben im 20. Jahrhundert; Seite 8.

Bauern gegenüber den Müllern blieb bis in unser Jahrhundert sprichwörtlich: »Die Hölle ist voll mit Müllern«.

Mit der Einführung der Wassermühle hatten die Bauern einen wichtigen Arbeitsgang zur Brotherstellung aus der Hand gegeben und waren jetzt abhängig von den Müllern geworden. Hier sahen die Adligen sofort eine neue Einnahmequelle: Sie erklärten die Mühlen kurzerhand zu ihrem Eigentum, ließen neue Mühlen bauen und setzten die Müller als ihre Lehnsleute und Pächter ein. Dadurch konnten sie sich nicht nur am Profit beteiligen, den die Mühle abwarf, sondern diese auch bei Auseinandersetzungen mit den Bauern als Drohmittel einsetzen: Keine Mühle, kein Brot. Damit die Bauern in solchen Fällen nicht auf andere Mühlen ausweichen konnten, wurden in der Eifel wie auch in vielen anderen Wirtschaftsräumen die Mühlen zu »Bannmühlen« erklärt, das heißt, die Bauern eines Herrschaftsbereiches waren gezwungen, ihr Getreide nur in der für sie zuständigen Mühle mahlen zu lassen. Auch die Wollmerather Mühle war im Mittelalter eine Bannmühle.

Bei späteren Auseinandersetzungen mit dem Adel spielte der Kampf um das freie Mahlrecht der Bauern eine zentrale Rolle. Protest- und Klageschriften, meist an den übergeordneten Landesherren gerichtet, waren an der Tagesordnung. Vereinzelt kam es sogar zu illegalen, genossenschaftlich betriebenen Mühlen.

Im 19. Jahrhundert änderte sich mit der Erfindung der Dampfmaschine und später des Elektromotors die Situation gänzlich. Die Standorte der neuen Mühlen waren nicht mehr energiebedingt – also dort, wo eine gute Wasser- oder Windausbeute stattfinden konnte –, sondern wurden der jeweils günstigen Rohstoff- und Absatzsituation angepasst. Die neuen Großmühlen waren jetzt wesentlich produktiver, hatten eine viel höhere Mahlleistung und produzierten nur noch für den Markt – vor allem in und für die neu entstehenden industriellen Ballungszentren.

Dieser Konkurrenz waren die Kleinmühlen nicht mehr gewachsen, und so kam es am Ende des 19. Jahrhunderts zum ersten großen Mühlensterben. »Im Jahre 1875 hatte man in Deutschland noch rund 60.000 Mühlen gezählt. Bis zum Beginn des Ersten Weltkriegs 1914 waren davon mehr als 25.000 eingegangen.«[47] Die beiden Weltkriege bremsten das Mühlensterben ab, da fast jede Mühle zur Versorgung der Bevölkerung benötigt wurde. Doch in den 1950er Jahren setzte der Konkurrenzkampf umso schärfer wieder ein. Dieser Verdrängungswettbewerb war ganz im Interesse der politisch Verantwortlichen, beabsichtigten sie doch die Schaffung eines Marktes auch auf dem Land – und damit die Aufgabe der bäuerlichen Selbstversorgung. Kleinbauern wurde das Leben schwer gemacht. Die staatliche Ablieferungsprämie, die die Müller erhielten, wurde nur für das Getreide gewährt, das für den Markt gemahlen wurde – nicht aber für das, das die Bauern für ihren Eigenbedarf mahlen ließen. Die kleinen Mühlen erhielten keinen importierten, frachtsubventionierten ausländischen Qualitätsweizen mehr, auch andere Subventionen wurden nur den großen Handelsmühlen gewährt. Der Mehlverkaufspreis sank durch den ruinösen Wettbewerb immer mehr, wogegen der Getreideeinkaufspreis fest gebunden blieb. »Während in der deutschen Wirtschaft allgemein die Konjunktur überschäumte, man ... vom ›deutschen Wirtschaftswunder‹ sprach..., vollzog sich die Tragödie des untergehenden Müllerhandwerks.«[48] Die Rede des Obermeisters des pfälzischen Müllerbundes zeigt noch den Kampfeswillen der bedrohten Müller: »Wir sind noch da und wir denken nicht daran zu kapitulieren; wer es mit einem von uns aufnimmt, der hat es mit uns allen zu tun!«[49]

Ende der 1940er Jahre hatten sich die Müller noch mit illegalem Mahlen gegen eine Zwangskontingentierung

47 a.a.O. Seite 9.
48 a.a.O. Seite 27.
49 a.a.O. Seite 27.

durch die Besatzungsmacht gewehrt. Polizeieinsätze, Bespitzelung und Schlägereien waren auf den Mühlen an der Tagesordnung. Viele Eifeler Müller saßen damals im Gefängnis.

Doch nicht nur Peitsche, sondern auch Zuckerbrot hielt man für die Müller bereit. Auf der Basis des Mühlengesetzes von 1957 lockte man sie mit einer beachtlichen Stilllegungsprämie. Schließlich hatten sie der machtvoll betriebenen Veränderung nichts mehr entgegenzusetzen, einer nach dem anderen resignierte. Die Mühlen, über unzählige Generationen Quelle von Wohlstand und Orte handwerklichen Könnens, standen still. Der Stolz eines jahrhundertealten Standes war gebrochen.

Die Bauern aber, die gerade noch ihr Brot selbst gebacken hatten, mussten nun alles Getreide an die Großmühlen abliefern und kauften ihr Brot beim Bäcker. Der Selbstversorgung auf dem Land war ein entscheidender Schlag versetzt worden. Die Marktordnung hielt Einzug.

## »Man kann doch heute mit keinem Bauern mehr reden«

*Die sozialen Bindungen gehen verloren*

Wir mussten zwar früher schwer und lange arbeiten, aber abends lagen wir immer zusammen. Einmal, da haben wir uns bei uns zu Hause getroffen, dann am nächsten Abend bei einem anderen. Die Kerle haben sich immer auf der Brücke vor dem Gasthaus getroffen. Auch die ersten Jahre, als wir verheiratet waren, ist Hein noch dahin gegangen. Teilweise haben sie bis elf, halb zwölf dort gestanden und gesungen.

Damals konnte man mit den Leuten reden – heute hat doch niemand mehr Zeit! Damals haben wir mit Kühen die ganze Arbeit gemacht und hatten Zeit. Man kann doch heute mit keinem Bauern mehr reden. Heute arbeiten sie mit Traktoren und haben keine Zeit. Wenn man früher einen halben Tag mit den Kühen im Feld gearbeitet hatte, musste man eine Pause machen. Und dann waren in der Umgebung welche am Arbeiten, die auch Pause machen mussten, damit die Kühe wiederkäuen konnten. Da war es selbstverständlich, dass wir uns alle zusammen gehockt und erzählt haben. Die Männer haben eine Pfeife geraucht und es wurden »Steckelcher«[50] erzählt oder auch Neuigkeiten.

Aber abends treffen konnten sich nur die Männer. Wenn man abends heimkam, waren die Kühe schnell gefüttert und die Männer hatten dann frei. Da fing die Arbeit für die Frauen erst an. Da konnten die Kinder krank zu Hause liegen, da haben sich die Mannskerle nicht drum gekümmert, die haben sich trotzdem abends getroffen. Das waren Zeiten!

Es wird wieder schlechter kommen, aber dass man eine Kuh einspannen und mit der Sense mähen muss, so schlimm wird es nicht mehr kommen. Wer weiß?

50 Geschichten.

In Lutzerath gab es damals schon ein paar Vereine: Junggesellenverein, Gesangverein und, ich glaube, Kegelverein. Heute gibt es in Lutzerath wie in allen größeren Dörfern viel mehr und für alles einen Verein. Das hat sich alles geändert.

Fast jede Woche wurde früher gefront. Da kam aus jedem Haus einer und alle arbeiteten zum Beispiel an einem Gemeindeweg oder irgendwas am Backhaus. Da ging vorher jemand mit einer Bimmel rum und verkündete, dass man dann und dann wieder zusammenkommen sollte. So gab es noch bis in die 1960er Jahre sonntags die Gemeindeversammlung. Da ging auch vorher jemand mit der Bimmel rum. Da kam aus jedem Haus einer unten am Backhaus zusammen und der »Schähfe«[51] erzählte das Amtliche, was alle wissen mussten. Heute sind die Leute doch schon beleidigt und böse, wenn man ihnen das Amtliche nicht schriftlich ins Haus schickt. Früher war eben jeder auf jeden angewiesen, beim Hausbauen, wenn einer krank war, bei Feuer oder sonstiger Not.

---

51 Schöffe, Bürgermeister.

## Von der Selbstversorgung zur Marktorientierung – die leise Revolution

Die kleinbäuerliche Wirtschaftsweise verstand es, möglichst viele Menschen an die Scholle zu binden und damit vor einer Auswanderung zu bewahren. Gleichzeitig verhinderte diese Struktur aber auch die Erwirtschaftung von nennenswerten Überschüssen. Die Eifel bildete mit einigen anderen Mittelgebirgsgegenden eine der letzten Inseln der Selbstversorgung in einem ansonsten auf Arbeitsteilung und Handel basierenden bürgerlichen Wirtschaftssystem. Langfristig konnten solche weitgehend autarken Gebiete nicht überleben. Denn einerseits konnte in diese Gebiete so gut wie nichts verkauft werden, die Bauern hatten kein Geld, andererseits warfen sie auch kaum etwas ab zur Versorgung der großen Industriegebiete.

Was in den 20er Jahren des 20. Jahrhunderts und während der Nazi-Herrschaft zaghaft versucht wurde, das setzte man nach dem Zweiten Weltkrieg umso heftiger in Gang: die Umwälzung der kleinbäuerlichen Wirtschaftsweise. Der mächtige Hebel dazu war die staatliche Strukturpolitik, denn nur von außen konnte eine solch revolutionäre Veränderung initiiert werden. Das Ziel war die Herbeiführung bürgerlicher Produktionsverhältnisse, also die Beseitigung der Selbstversorgung zugunsten einer Marktorientierung, die mit der Vergrößerung der Höfe und einer deutlichen Produktivitätssteigerung einherging.

Das wirksamste Mittel dabei war die Schaffung von Arbeitsplätzen auf dem Land. Denn durch die Lohnarbeit, die anfangs von den Bauern noch zusätzlich zur Arbeit auf den Feldern geleistet wurde, konnte das für den Kauf von Maschinen und Kunstdünger notwendige Geld erworben werden. Die meisten neuen Arbeitsplätze für die Menschen aus der Gegend um Filz und Lutzerath, wo meine Großmutter lebte, entstanden in den 1950er Jahren durch den Bau des Militärflughafens Büchel.

Die Älteren, also die Generation von Gertrud Müllen, litten in den 1920er bis in die 1940er Jahre noch unter der Doppelbelastung von Landwirtschaft und zeitweiser Lohnarbeit. Doch schon in dieser Zeit wurden die Menschen allmählich an die neuen Verhaltensweisen im Marktsystem gewöhnt, gegen das zunächst Vorbehalte bestanden – nicht grundlos. Denn konnte ein Bauer früher den Gebrauchswert eines von ihm selbst hergestellten Gegenstandes genau abschätzen, so wurde jetzt die Höhe des Tauschwertes desselben Gegenstandes plötzlich hinter seinem Rücken auf dem Markt festgesetzt.

So schaffte oft erst die zweite Generation den endgültigen Sprung in die Marktwirtschaft. Sie empfanden die neue Situation jetzt als äußerst vorteilhaft. Sie konnten sich mit dem verdienten Geld erstmals richtige Möbel, Verkehrsmittel, Küchengeräte und Radios anschaffen, aber auch – und das war viel wichtiger – Kunstdünger und Maschinen, womit sie sowohl den für die Ernährung ihrer Familien notwendigen Ertrag der Felder steigern als auch ihre Arbeitszeit dort gewaltig reduzieren konnten.

So wurde aus gespartem Geld Kapital, das zusammen mit staatlichen Subventionen in die Landwirtschaft investiert werden konnte In den Kauf immer effektiverer Maschinen und in die Anlage größerer und modernerer Ställe. Höfe siedelten aus und wurden außerhalb des Dorfes neu angelegt. Der Bauer wurde zum Unternehmer, der nur noch Waren für den Markt produzierte. Andere Bauern allerdings schafften diesen Sprung nicht, reduzierten ihren landwirtschaftlichen Erwerb zum Nebenerwerb bis sie schließlich die durch Verpachtung von Land geschrumpften Höfe aufgaben und an Großbauern verkauften. Da die Nachkommen letzterer jetzt auch in der Lohnarbeit ein ausreichendes Einkommen hatten, war eine Teilung dieser Höfe beim Erbgang ökonomisch nicht mehr erforderlich.

Innerhalb von nur etwa zehn Jahren hielt damit in der Eifel die Marktwirtschaft Einzug. Das neue Produktionsverhältnis basierte darauf, dass Produktion und Bedarfssättigung völlig entkoppelt wurden. Dazwischen wurde nun der Markt geschaltet.

Plötzlich entwickelten sich die Produktivkräfte sprunghaft und brachten diesem »Armenhaus Deutschlands« einen bisher nicht für möglich gehaltenen Wohlstand.

Doch die neue ökonomische Situation brachte eine Änderung fast aller Lebensbereiche. Konnte vorher der Bauer genau übersehen, was für die Ernährung seiner Familie wichtig war, was also angebaut werden musste, so ging es ihm fortan nur noch um Profitabilität. Die bis dahin für das weitere Leben ausschlaggebende Partnerwahl verlor wie der Erbgang fast vollständig ihre ökonomische Bedeutung und wurde damit von einer bedrückenden Last befreit. Neue Häuser, wie man sie auch aus der Stadt kannte, wurden gebaut. Verkehrs- und Informationsmittel wie Auto, Radio, Zeitung, Telefon und Fernsehen stellten die Verbindung der einstigen Insel Eifel zur Außenwelt her.

Das Sozialverhalten der Menschen erlebte so eine tiefgehende Wandlung und auch der voreinst übermächtige Einfluss der Religion schwand. Derselbe Verdrängungsprozess von Menschen aus der Landwirtschaft in die Lohnarbeit, der hundert Jahre zuvor eine besitz- und rechtlose Arbeiterklasse geschaffen hatte, wirkte sich jetzt wohlstandsbildend aus, da die neuen Arbeiter inzwischen eine wesentlich bessere Situation vorfanden. Die Arbeiterbewegung des ausgehenden 19. Jahrhunderts hatte dazu geführt, dass jetzt nicht nur deutlich bessere Löhne gezahlt wurden, sondern dass durch das Sozialversicherungssystem auch ein sorgenfreieres Leben geführt werden konnte.

# KINDER UND FAMILIE

»Die Kinder kamen damals einfach so. Es hätte damals schon so sein müssen wie heute, dass man die Zahl seiner Kinder hätte wählen können. Aber früher konnten sich die Leute ja nicht helfen. Wir wussten doch nichts. Da musste man nehmen, was kam.«

## »Da musste man nehmen, was kam«

*Familienplanung*

Am 10.November 1928 haben wir geheiratet. Danach gingen wir nur noch selten in die Wirtschaft oder zum Tanzen, vielleicht drei bis vier Mal im Jahr. Die ganze Arbeit, und dann war ich auch schon sofort schwanger. Die Elfriede kam am 15. September 1929 und ein Jahr später habe ich auch schon den Willi geboren, es war am 8. Dezember 1930. Da war keine Zeit zum Ausruhen. Auch wenn man schwanger war, musste man genau so arbeiten im Feld und im Haushalt wie vorher. Unser Helmut kam 1932 und unser Karl-Heinz 1937. Ich war insgesamt achtmal schwanger und nur drei Kinder haben überlebt. Was habe ich alles ausstehen müssen. Oft habe ich nächtelang zu unserer Muttergottes und zu unserem Herrgott gebetet. Die Kinder kamen damals einfach so. Es hätte damals schon so sein müssen wie heute, dass man die Zahl seiner Kinder hätte wählen können. Aber früher konnten sich die Leute ja nicht helfen. Wir wussten doch nichts. Da musste man nehmen, was kam. In Lutzerath gab es viele Familien mit zehn und mehr Kindern. Was sollten denn die ganzen Kinder auf der Welt? Was war das für eine Armut in diesen Familien, und den Hof konnte doch nur einer übernehmen. Für die anderen gab es hier keine Arbeit. Sie mussten alle wegziehen in den Kölner Raum oder ins Industriegebiet an der Ruhr.

## »Was habe ich oft für ihn die Kerze angesteckt«

*Zuerst die Arbeit, dann die Kinder*

Als die Kinder da waren, musste ich auch weiterhin jeden Tag ins Feld. Hein war ja meistens irgendwo auf der Arbeit. Die Landwirtschaft musste ja weitergemacht werden, und so musste ich die Kinder mit ins Feld nehmen. Ich hab sie in einen geliehenen Kinderwagen gepackt und den auf den Wagen gestellt, und dann bin ich ins Feld. Alles musste ich mitnehmen, Flaschen, Zeug, um die Kinder sauber zu machen. Aber ich hatte Glück, dass ich lange schenken[52] konnte. Aber danach: die Milch in der Flasche war ja kalt und das im kalten Frühjahr oder Herbst. Ich hab' sie immer dick eingewickelt, aber sie wurden trotzdem eiskalt. Unser Helmut hat sehr darunter gelitten. Oh, was habe ich oft eine Kerze für ihn angesteckt, weil ich dachte, er müsse sterben. Zu der Zeit hat Hein im Steinbruch gearbeitet. Wie oft habe ich ein Kind dahin geschickt, er solle kommen, weil ich dachte, das Kind stirbt. Als es dann Winter wurde und ich nicht mehr ins Feld musste, habe ich ihm die Flasche mit warmer Milch oder Tee gegeben und langsam hat sich das Geschwür gebessert. Wenn die Mutter von Hein mal nicht krank war, hat sie natürlich auf die Kinder aufgepasst. Aber das war selten genug.

Bei manchen Arbeiten musste man die Kinder zu Hause lassen. Das war ganz schlimm. Da hat man draußen im Feld gearbeitet und auf einmal kamen Leute vorbei, die sagten, die Kinder zu Hause würden schreien, ganz schrecklich! Wie oft hab' ich da heulend im Feld gestanden und habe geschafft und geschafft, damit ich nicht dran denken sollte. Die Arbeit musste doch getan werden,

52 Stillen.

sonst hatten wir alle nichts zu essen. Es war schrecklich, ganz schrecklich. Wenn ich dann nach Hause kam und ich hörte schon von draußen das Schreien der Kinder, da hab' ich gedacht, das Herz würde sich mir zusammenziehen.

Früher hieß es: Schreien und Heulen macht die Lungen frei und ist deshalb gut. Lachen dürfen Kinder nicht, weil sie davon krumm wachsen.

Der erste Kinderwagen, den wir hatten, war ausgeliehen. Aber die Kinder von demjenigen, der den vorher hatte, hatten Schuppenflechte am Kopf. Und prompt hatte die Elfriede das auch. Bei Steinigen ist doch ein Heiligenhäuschen, das hat man »Frehßenhäuschen« genannt. Wenn ein Kind die Krankheit hatte, haben die Leute Korn oder sonst was in dieses Heiligenhäuschen gebracht. Das konnten sich dann die Armen nehmen. Dafür erhoffte man eine Besserung der Krankheit. Was habe ich Korn nach Steinigen gebracht! Aber es half nichts. Dann hat man mir gesagt, ich soll in der Weihnachtsnacht, Punkt zwölf Uhr nachts, fließendes Wasser schöpfen und ihr damit den Kopf waschen. Da bin ich nachts in aller Kälte zu einer Quelle unterhalb von Lutzerath und hab mir Wasser geholt. Aber auch das hat nichts geholfen. Dann hat unser Jagdherr[53] Zinköl empfohlen. Damit ging es dann innerhalb von vier Wochen weg.

53 Pächter der Jagdrechte im Revier. In der Eifel meist Unternehmer aus dem Köln-Bonner Raum.

## Das Sozialverhalten auf dem Lande

Viele Großstadtmüde und -gestresste, aber auch meine Großmutter und mit ihr viele Angehörige der alten Generation auf dem Lande, blicken heute voller Sehnsucht auf jene Zeit, in der man – wie sie sagen – zwar viel arbeiten musste, aber die Welt noch in Ordnung war. Sie meinen jene Zeit, in der die Menschen sich noch gegenseitig halfen, öfter miteinander redeten als heute und überhaupt viel mehr zusammen waren. Aber genau wie die wirtschaftliche Rückständigkeit nicht ein Versagen der Menschen damals war, so waren das Zusammengehörigkeitsgefühl und das Solidarverhalten nicht ihr Verdienst, sondern ein Erfordernis. Denn ein Haus konnte aus Geldmangel nur mit Hilfe aller gebaut werden. Jede Familie konnte jederzeit ein Schicksalsschlag in Form von Brand, Unwetter oder Tod ereilen und nur die Dorfgemeinschaft konnte dann helfen, durch Spende von Viehfutter etwa oder Arbeit auf dem Feld. Bei vielen Arbeiten war die Hilfe der anderen Dorfbewohner einfach notwendig Beim Dreschen mit der Dreschmaschine, bei Waldarbeiten oder bei der Feldbearbeitung vor der Flurzusammenlegung.[54]

Schon bei der Geburt, aber auch nach dem Tod, wenn man beerdigt wurde, war jeder auf den nachbarschaftlichen Beistand angewiesen. Die Dorfgemeinschaft hat sich untereinander weniger aus Nächstenliebe geholfen, sondern gehorchte objektiven Erfordernissen. Bei vielen Verrichtungen bot es sich an, zusammen zu kommen Der Marktgang nach Cochem, das Wasserholen am Brunnen, die Pausen auf dem Felde, der Fußweg zur Kirmes, die Wäschebleiche am Üßbach und das Kühehüten auf den

54 Vor der Flurzusammenlegung hatten viele der kleinen Felder keinen eigenen Zugang. Gleichzeitiger Anbau und Ernte waren notwendig.

entlegenen Wiesen. Und nur bei solchen Zusammenkünften konnten die kulturellen Bedürfnisse wie Singen, Spielen und Tanzen ausgelebt werden.

Doch das änderte sich schlagartig in den 1950er Jahren nach der bereits erwähnten Veränderung der Wirtschaftsweise. Denn durch das in der Lohnarbeit erworbene Geld war es möglich, all die Leistungen einzukaufen, die bis dahin durch Nachbarschaftshilfe hatten erbracht werden müssen. Beim Hausbau konnten Handwerker beschäftigt und fremde, aber bessere Baustoffe eingekauft werden. Man war nur sporadisch auf die Hilfe der Nachbarn angewiesen. Ganz neue, stadtähnliche Häuser entstanden, für deren Bau die Bauern vor Ort weder Wissen noch Fertigkeit besaßen. Aber auch die Sicherheit bei Schicksalsschlägen, die früher die Dorfgemeinschaft bot, wurde jetzt gegen Geld eingetauscht. Feuer-, Lebens-, Unfall-, Kranken- und Haftpflichtversicherung. Selbst Geburt und Tod lagen plötzlich in den Händen von bezahlten Fachkräften im Krankenhaus beziehungsweise dem Beerdigungsinstitut. Nicht nur Korn, Brot und Schweine, sondern auch ganz immaterielle Güter wurden so zu Waren.

Früher hatte man keinen Nachteil, wenn es auch den anderen gut ging, denn alle arbeiteten nur für sich selbst. Auf dem Markt war jedoch jeder jedem ein Konkurrent. Deshalb ist es auch nicht verwunderlich, dass zum Beispiel meine Großmutter den von ihr entdeckten besseren Weg der Ferkelaufzucht tunlichst für sich behielt, denn der Händler nahm nur die dicksten Schweine. Früher hätte dieses Verhalten einem Bauern keinen ökonomischen Vorteil gebracht.[55] Das dörfliche Solidarverhalten wurde durch das bürgerliche Produktionsverhältnis nicht

55 Bei einer Produktion auf Selbstversorger-Basis hat die Steigerung der Produktivität keinen Einfluss auf die anderen Produzenten. In der Marktwirtschaft führt das jedoch zu einer Verschiebung der Marktanteile zugunsten des Produzenten mit erhöhter Produktivität.

nur abgebaut, es wurde ihm sogar ein Konkurrenzdenken entgegengesetzt. Ermöglichten früher die für die Zugkühe notwendigen Pausen ein spontanes Zusammenkommen auf dem Feld, so entfallen die bei der Arbeit mit dem Traktor, und Zeit ist Geld. Musste auch noch bei der Dreschmaschine das halbe Dorf helfen, so bedient den Mähdrescher, der in einem Arbeitsgang mäht und drischt, heute nur noch einer. Traf man sich früher beim Wasserholen am Brunnen, so braucht heute niemand mehr das Haus zu verlassen, wenn er Wasser braucht. Das kostbare Wasser wird nicht mehr der Erde abgerungen, es wird gekauft; die alten Brunnen verfallen oder sind geschlossen. Auch die schönen Tage bei der Wäschebleiche am Üßbach, wo man sich zu mehreren traf, sind vorbei, denn heute wird die Wäsche weiß, ohne dass man seine Wohnung verlassen muss. Die gekaufte Chemie ersetzt die Reinigungskräfte von Sonne und Wasser. Ging die Jugend früher laut debattierend und singend gemeinsam zur Kirmes, so fährt man heute oft allein mit seinem Auto. Auch die laute Gemeindeversammlung sonntags am Backhaus wurde ersetzt durch den Anzeiger, den jeder allein zu Hause liest. Abends nach getaner Arbeit trifft man sich nur noch selten in irgendeiner Stube, denn jede Familie sitzt vor dem Fernseher. Das dörfliche Leben ist heute geprägt durch Entsolidarisierung und Individualisierung und unterscheidet sich in fast nichts mehr von dem einer städtischen Siedlung. Selbst der in einer Stadt notwendige, aber in einem kleinen Dorf eigentlich völlig überflüssige Kinderspielplatz fehlt nicht.

## »So musste ich mir das Kind selbst rausziehen«

*Die Frauen waren unwissend und hilflos*

Unser Karl-Heinz ist am 21. November 1937 geboren. Drei Tage war noch mein Vater aus Filz da und hat uns geholfen. Da sind wir morgens früh losgefahren um Rübenmieten zuzuscheppen[56]. Die Kinder hatten wir alle mitgenommen und es war so kalt. Da haben wir den ganzen Tag gearbeitet.

Abends hat mein Vater noch gegessen, die Kühe gefüttert und ist dann nach Hause gegangen nach Filz. Und prompt fingen abends die Wehen an, weil ich den ganzen Tag so schwer geschafft habe. Nach drei Tagen, als ich dann nicht mehr konnte, bin ich im Bett geblieben. Hein war draußen auf dem Feld. Irgendwann bin ich dann aufgestanden und hab mich in die Küche auf einen Stuhl gesetzt. Da dachte ich mir, die Küche ist nicht schön, steh am besten auf und putz noch schnell. Da habe ich angefangen, die Küche zu putzen. Und ich hatte noch kaum angefangen, da wurden die Wehen unmenschlich. Mit letzter Kraft bin ich dann noch zu meiner Nachbarin gelaufen und hab ihr gesagt, sie soll die Hebamme anrufen und ein Kind zu meiner Schwiegermutter schicken, die gerade bei Heins Schwester in Lutzerath war. Da bin ich wieder zurück und habe die Küche noch fertig geputzt. Denn das habe ich mir nicht nachsagen lassen. Über den Handel[57] kam dann die Nachbarin und sah, in welchem Zustand ich war. Aber anstatt mir zu helfen ist die rausgelaufen und hat um Hilfe geschrien.

---

56 Große Haufen geernteter Rüben wurden zur Lagerung mit Erde zugescheppt (=zugeschaufelt).

57 »Über den Handel« = »Im Laufe des Geschehens«.

Da kamen die ganzen Frauen aus der Nachbarschaft angelaufen und jammerten da rum. Und ich lag da und schrie vor Schmerzen. Da sagte eine Frau, ich solle doch leiser sein, die Kinder könnten mich hören. Und eine andere sagte: »Was soll denn das noch werden, wenn das Kind erst kommt!«

»Das Kind ist schon da«, schrie ich, »ich kann den Kopf schon spüren!« Aber anstatt zu helfen fingen sie alle an zu beten.

So musste ich mir das Kind selbst rausziehen und hatte gleichzeitig die Presswehen. Auf einmal hatte ich es geschafft und das Kind war draußen. Vor lauter Schmerzen hatte ich mir einen Backenzahn rausgerissen und den After rausgedrückt. Das hätte eigentlich operiert werden müssen.

Auf einmal kam die Hebamme und rief, was denn hier los sei. Zuerst schmiss sie die ganzen Weiber raus: »Ihr holt der Frau noch den letzten Rest von frischer Luft hier im Raum!« Dann hat sie mir das Kind entbunden.

»Oh«, sagte ich, »nehmt mir doch bitte zuerst den Zahn aus dem Mund.«

Die Zunge war so dick und zerbissen, dass ich fast keine Luft mehr bekam.

Ich war nicht mehr imstande, einen Arm zu heben, so fertig war ich.

Aber nach drei Tagen habe ich abends wieder Kühe gemolken. Was sollte ich tun? Nach der Geburt habe ich mir geschworen, dass ich keine Frau so im Stich lassen würde. Und es hat noch keine vier Wochen gedauert, da musste ich es schon selber machen bei einer Lutzerather Frau, die mit zweiundvierzig Jahren das erste Kind bekam. Das Kind war nur zwei Pfund schwer und hat trotzdem überlebt. Kurze Zeit später war ich bei einer schrecklichen Geburt dabei. Es war eine komplizierte Steißlage. Ein Beinchen war schon draußen und das andere steckte noch im Bauch. Wie die Hebamme dann mit dem ganzen Unterarm rein griff, um das andere Beinchen rauszuziehen – ich konnte es fast nicht mit ansehen.

## »Um Gottes Willen, schaff den Doktor her!«

*Selbsthilfe bei Geburten*

Nach dem Krieg habe ich eine Geburt alleine machen müssen.

Es war tief in der Nacht und es lag Schnee. Weder Arzt noch Hebamme kamen durch. Das Schlimme bei der Frau war, dass während der Geburt immer starke Blutungen eingesetzt haben. Da kam die alte Oma nachts durch den hohen Schnee zu uns und rief um Hilfe:

»Traud, du musst kommen, das Kind kommt und wir haben keinen Doktor und keine Hebamme!«

Es war eine schlimme Winternacht und der Sturm fegte den Schnee ums Haus. Die Frau lag in einem kleinen Zimmerchen ohne Ofen. Aber trotz der Kälte schwitzte ich wie im Hochsommer. Mir lief die Brühe nur so runter. Und ich schaffte es. Das kleine Kind kam ohne Komplikationen und war ein dicker Rollmops. Aber kaum war das Kind aus ihr heraus, da schoss schon das Blut und der Kleine schrie nicht; er schrie nicht und es kam immer mehr Blut! Ich habe auf den Kleinen eingehauen, vor lauter Verzweiflung, damit er schreien sollte, und ich sah immer mehr Blut. Das ganze Bett war schon voll.

Da brüllte ich: »Holt Schnee, holt Schnee!«

Drei Leute rannten los und holten eimerweise Schnee hoch und schütteten ihn auf den Bauch der Frau, damit das Blut aufhören sollte. Das Kind hatte geschrien und ich musste es sofort beiseitelegen. Aber auf einmal hatte ich es gepackt.

Da war ich vielleicht froh, dass ich das geschafft habe. Ich hatte den Kleinen alleine geholt.

Ich war noch bei vielen Geburten dabei. Das Schlimmste war immer, dass die Frauen so pikiert waren, selbst vor anderen Frauen oder der Hebamme. Bis zuletzt haben sie immer den Rock runtergezogen oder die Decke krampfhaft festgehalten. Ich sagte immer: »Solange die noch so empfindlich ist, kommt das Kind noch nicht.«

Einmal bin ich um halb fünf nachts geweckt worden. Da hat man mich zu einer Frau gerufen, die auch schrecklich blutete. Als ich hinkam, wer es schon fast zu spät. Die Frau hatte schon zwei Nachttöpfchen Blut verloren und nur noch einen schwachen Puls. Der Doktor war immer noch nicht da. Da rief ich dem Mann zu: »Um Gottes Willen, schaff den Doktor her! Hier ist höchste Not, ich kann nichts mehr machen!« Da sagte mir die Frau leise, dass sie schon seit mittags bluten würde. Mir hat es die Sprache verschlagen und ich konnte einige Zeit nichts mehr sagen. Die Frau hätte doch wissen müssen!

Ich habe geschafft und geschafft, aber das Blut habe ich nicht gestillt. Dann kamen auch schon die ersten Brocken. Die beiden Kinder standen am Fußende, zitterten am ganzen Körper und sahen mich dauernd an. Die Kinder haben mir so leidgetan, ich konnte doch nichts machen. Da habe ich die beiden kleinen Kinder auch noch reingeholt und da standen sie alle vier bei ihrer sterbenden Mutter.

Als der Arzt kam, war es schon zu spät. Dem Arzt habe ich das Blut mit den Brocken gezeigt. Der Arzt sah mich an und wir wussten, dass die Kinder bereits abgestorben waren. Mein Morgenrock war so nass geschwitzt, als wenn ich aus dem Bad gekommen wäre, so habe ich an der Frau geschafft. Ein paar Tage vorher war die Frau noch im Krankenhaus gewesen, die hätten das doch sehen müssen, der Arzt meinte das auch. Ein paar Tage danach kam er zu mir, um den Fall zu melden. Aber ich habe abgewunken. Die Frau war tot, der Fall sollte ruhen. Wenn ich damals gewollt hätte ...

Zwei Tage später kam eine Frau zu uns gelaufen, die hatte sich die Tote noch mal angesehen und rief, sie hätte Bewegungen im Bauch der Mutter gesehen. Das Kind würde noch leben!

Das halbe Dorf lief zusammen. Da hab' ich mich gegruselt wie in meinem Leben noch nicht.

»Um Gottes Willen«, sagte ich, »Ihr Leute, seid doch ruhig – es ist doch nicht wahr!« Es konnte doch gar nicht wahr sein.

Daraufhin habe ich mir geschworen, nie mehr wieder zu einer Geburt zu gehen. Ich konnte es nicht mehr.

## »So geht es Frauen, deren Männer im Krieg sind«

*Der Tod des fünften Kindes*

Bei meinem fünften Kind war ich gerade sieben Monate in Hoffnung, da musste ich unseren Pflug zum Schmied nach Driesch bringen. Der war so schwer, dass ich ihn fast kaum auf den Wagen heben konnte. Als ich in Driesch ankam, musste ich ihn natürlich wieder herunterholen. Es stand ein Mann da im Hof, der sah mir zu. Aber der hat mir nicht geholfen, der Drecksack.

Einen Tag später bekam ich die Wehen. Es war eine Tochter, die zwar schon ausgewachsen war, aber trinken konnte sie noch nicht. Was sollte ich machen, ich musste doch die Landwirtschaft bearbeiten. Da hab' ich es abgeben müssen an die Gemeindeschwester. Es war eine kleine, alte Schwester. Sie kam jeden Tag zu mir und pumpte mir die Milch ab, um sie der Kleinen zu geben. Sie hat es mit einem Schlauch ernähren müssen. Aber es machte sich. Es wurde zusehends stabiler und war ein so schönes und liebes Mädchen. Sechs Wochen hat sie es gehabt, bis der dreckige Kreisarzt ihr befahl, das Mädchen abzugeben, da sie dadurch zu viel anderes versäumte.

Da kam es dann nach Bonn ins Krankenhaus. Dort ist es am neunten Tag darauf gestorben.

Ich kam gerade aus dem Feld, als jemand vom Amt schon auf mich wartete.

Er meldete, dass das Kind gestorben sei.

Ich wusste nicht, ob ich vor Trauer oder Wut heulte. Ich schrie den Boten an: »Ach, deswegen ist sie also nach Bonn gekommen – um zu sterben! So geht es den Frauen, deren Männer im Krieg sind!«

Am anderen Morgen habe ich die Kinder einem alten Mann in Lutzerath übergeben, der vom ganzen Dorf gehasst wurde, der aber zu mir immer gut war. Dann machte ich, dass ich nach Cochem kam. Wie ich dahin kam, weiß ich heute gar nicht mehr, aber ich hatte einige Büchsen Fleisch und Wurst dabei. Ich hatte mir vorgenommen, das Kind zu holen, koste es, was es wolle. Aber ich durfte doch einen Leichnam nicht mit in den Zug nehmen. Ich wusste nicht, was ich tun sollte.

In Bonn ging ich in ein großes Sarglager und bestellte einen Kindersarg. Aber ich musste so heulen, dass ich nicht mehr weiterkonnte. Der Mann beruhigte mich und seine Frau brachte mir eine Tasse Kaffee. In meiner ersten Dankbarkeit habe ich ihnen sofort eine Dose Fleisch geschenkt, während ich ihnen alles erzählte, was passiert war.

Da sagte der Mann: »Ich gehe das Kind holen. Ihnen gibt man es bestimmt nicht.«

»Oh«, sagte ich, »guter Mann, wenn Ihr das tun würdet, gebe ich Ihnen noch eine Dose Fleisch. Ich habe doch kein Geld, um es überführen zu lassen. Ich muss es nach Hause bringen, egal, wie es geht.«

Ein paar Stunden später war der Mann wieder da. Oh, Gott sei Dank, er hatte das Kind bekommen und schon in den Sarg gelegt. Damit niemand den Sarg sehen konnte, hat er noch einen Karton um den Sarg gelegt. Mir wurde ganz anders, als ich den Karton anfasste, aber ich musste es doch tun. So ging ich, es war schon fünf Uhr, zum Bahnhof. Es fing schon an dunkel zu werden, und es war eiskalt. Früher hatte man mir erzählt, Bonn wäre sehr schön. Aber es war Krieg und mein Kind war tot.

Und so bin ich dann nach Hause gefahren. Im Abteil war es so warm, da bin ich aufgestanden und bin mit meinem toten Kind auf die Plattform draußen. Als ich so dastand in der Nacht, da dachte ich: Wenn du doch nur herunterfallen würdest, dann wäre alles gut.

Aber da habe ich an die vier Kinder zu Hause gedacht und habe mich an der Stange festgeklammert. Es war gut, dass mich dort keiner hat stehen sehen. Ich wischte mir die Tränen aus den Augen und ging wieder ins Abteil zurück.

Als ich in Cochem ankam, war es halb zwölf nachts und es fuhr ja kein Postauto oder so. Da hab' ich mich unten im Bahnhof au die Steintreppe gesetzt und hab gewartet. Da klopfte mich auf einmal eine Frau auf den Rücken und fragte mich, wohin ich denn wollte, sie hätte mich noch nie hier gesehen. Ich sagte, dass ich hier bis morgen früh warten müsste. Und ich hatte einen Hunger, dass mir schlecht war. Da hat mich die Frau mit nach Hause genommen, da sie aus Cochem kam. Bei der zu Hause habe ich das Paket unten stehen gelassen und bin mit hoch. Auf einmal fragte mich der Mann, der auf Heimaturlaub war, ob denn in dem großen Paket nichts kaputt gehen könnte. Da fing ich wieder an zu heulen, ganz schrecklich. Ich hab' ihnen alles erzählt. Da ging der Mann in den Keller und legte das Kindchen auf den Flur in der Wohnung.

Als ich am anderen Morgen zum Postauto kam, sah ich, dass es ein Fahrer aus Lutzerath war und der bestimmt wusste, warum ich unterwegs war. Er nahm das Paket, sah mich lange an, sagte aber nichts. Es war alles gut gegangen. Ich hab' den Sarg im Wohnzimmer aufgestellt, wo es kühl war.

Am anderen Morgen kam der Amtsbürgermeister zu mir. »Frau Müllen, was haben Sie gemacht?« Irgendwoher musste er es erfahren haben. Da sagte ich zu ihm: »Alles, was ich getan habe, habe ich aus Verzweiflung gemacht. Ich konnte nicht anders. Und wenn mein Mann hier wäre, hätte ich das alles nicht tun brauchen.«

Das alles passierte Anfang 1943. Mein sechstes Kind bekam ich 1946, auch wieder zu früh. Mein Bruder und mein Vater zankten sich im Hof und fielen übereinander her. Es ging wieder ums Erben. Da wollte ich dazwischengehen und bin über die Egge gefallen. Am anderen Tag kam die Frühgeburt. Das Mädchen ist am selben Tag gestorben.

Danach hatte ich noch zwei Frühgeburten. Mein Leib war so kaputtgeschnitten, ich konnte kein Kind mehr halten.

## »Ihre ganze Familie muss sterben«

*Folgen von Krieg und Gefangenschaft*

Als Hein aus der Gefangenschaft kam, wurde die ganze Familie krank – außer ich. Es wurde so schlimm, dass alle ins Krankenhaus nach Cochem mussten. Zuerst dachte man, es wäre eine Fleischvergiftung. Man suchte in unserem Haus nach allen Fleischdosen, aber man fand nichts. Es wurde immer schlimmer. Sie konnten immer weniger sehen und fast gar nichts schlucken. Da stellten sie fest, dass es Russisch-Angina[58] war.

Da hatte ich die ganze Familie im Krankenhaus liegen. Oh Gott, mir blieb auch nichts erspart. Eines Tages kam ein Krankenfahrer an, der sagte, in Koblenz seien etliche ins Krankenhaus eingeliefert worden wegen Russisch-Angina und sie wären alle gestorben.

Willi, mein ältester Sohn, war der schwächste und ihn packte es zuerst. Er wollte nicht sterben.

»Mutter«, sagte er immer wieder, »ich bin doch erst fünfzehneinhalb Jahre alt. Muss ich denn schon sterben? Muss ich denn schon sterben?«

Am selben Tag ist er gestorben.

Jetzt waren Hein und Elfriede am schlechtesten. Abends sagte der Kreisarzt zu mir: »Sie gute Frau, Sie tun mir leid. Ihre ganze Familie muss sterben!«

Mir wurde ganz schwarz vor Augen. Wie betäubt bin ich durch die Gänge gelaufen. So viele Jahre war der Mann im Krieg und ich habe alles willig getragen. Und jetzt war der Mann wieder da und alles hätte wieder gut sein können! Doch nun holte man mir die ganze Familie. Herrgott, was habe ich getan?

Am anderen Morgen habe ich bei der Beerdigung von Willi alleine am Grab gestanden und wusste, dass bald

58 Wahrscheinlich eine Streptokokken-Infektion.

meine ganze Familie da liegen würde.

Was habe ich alles durchmachen müssen! Und alles für den Krieg, fürs Vaterland ...

Nach der Beerdigung bin ich sofort wieder nach Cochem – zu den nächsten Toten. Doch unser Herrgott hat mir beigestanden. Die Krankheit verschlimmerte sich nicht, nach einigen Tagen wurde es sogar wieder besser. Als sie alle nach Hause kamen, sind wir sofort mit allen zum Friedhof. Und da standen sie alle, die hätten sterben sollen und die unser Herrgott mir doch erhalten hatte. Sie lebten, Willi war tot.

## »Wer die Lust hat, muss auch die Last tragen«

*Die feige Haltung von Ärzten, Pastoren und eigenen Angehörigen*

Eine Frau in Lutzerath, die bekam ihr siebtes Kind. Und es war schon vorher klar, dass entweder die Frau oder das Kind sterben musste. Der Mann von der Frau hat den Doktor angefleht, doch seine Frau zu retten. Aber die Ärzte waren so fanatisch, die sagten, sie müssten das Kind retten. Und die Frau ist gestorben und das Kind wurde gerettet. Das muss man sich vorstellen: Die Frau musste sterben! Obwohl schon sechs Kinder da waren.

In ganz Lutzerath gab es keine Frau, die wusste, wie man Kinder hätte verhüten können. Ganz selten hatte ich mich mit jemandem unterhalten. Aber keine wusste etwas. Ich selber hatte schon das erste Kind im Leib, da wusste ich noch nicht, wie das da reinkam. Ich hatte nur ganz grobe Umschreibungen gehört vorher. So dumm wurden wir gehalten!

Die Ärzte waren ja schon fanatisch, aber ganz verrückt waren die Pastöre. Wenn da mal eine Frau zwei, drei Jahre kein Kind bekam, da kriegte sie bei der Beichte keine Sündenlossprechung.

Ja, die Frauen mussten schon was mitmachen.

Der Vater von meiner Schwiegertochter, »dä Wŏlles Mättes«, der ist ja wirklich ein katholischer Mann. Aber der sagte noch vor kurzem, er sei zwar alt, aber was man früher den Frauen angetan hat, das wäre zu viel gewesen. Die Pastöre und viele Leute haben wirklich gedacht, wenn da kein Kind mehr kam, die beiden würden in Sünde leben. Da gab es Pastöre, da ist man fast gefressen worden im Beichtstuhl! Die Männer waren teilweise so niederträchtig, dass sie zu den Frauen, die in der Schwangerschaft Schmerzen hatten – oder bei der Geburt, sagten:

»Wer die Lust hat, muss auch die Last tragen!«

Die eigenen Männer! Aber auch manche Frauen waren nicht besser. Ich kenne eine Frau, der wurde bei der Geburt von ihrer Mutter hämisch zugerufen:

»Ja, Marlensche, rein gehen sie schnell, aber schwer wieder raus!« Die eigene Mutter!

Wenn dann Missionare kamen, die waren am schlimmsten. Ja, es war übertrieben damals.

Ich kenne eine Frau aus Lutzerath, die hatte nur eine Tochter. Die konnte einfach nicht mehr Kinder bekommen. Jeder Arzt hat es ihr gesagt und alle wussten es. Die gute Frau konnte doch nichts dafür. Und dann starb die Tochter noch mit vierzehn Jahren. Die Mutter hat nicht ein noch aus gewusst. Es war doch das einzige Kind. In ihrer Not ist sie zum Pastor gelaufen, um von ihm Trost zu bekommen. Doch der hat sie barsch abgewiesen.

Er sagte nur: »Hör auf zu weinen. Wo eins ist, da können auch mehrere kommen. Du musst nur genug beten!«

Das war doch niederträchtig. Jeder wusste, dass die Frau keine Kinder haben konnte. Aber die Herren haben ihr die Schuld gegeben!

Viele Familien konnten doch kaum zwei Kinder ernähren, und dann bekamen sie acht oder zehn. War das eine Not! Den ganzen Sommer hatten sie nur Kartoffeln, Brot und Salat. Das gab es jeden Tag. Ab und zu eine Pfanne Rührei. Aber da war höchstens ein Ei drin, alles andere war Mehl. Das war für die wie ein Festessen.

# Frauensache

Der Ernst des Lebens begann für meine Großmutter bereits mit dreizehn Jahren. Weil der Vater als Maurer unterwegs war, wurde sie von der Schule beurlaubt und musste die gesamte Landwirtschaft übernehmen. Dass die härtesten körperlichen Arbeiten einem dreizehnjährigen Kind zufielen, war zu dieser Zeit in der Landwirtschaft mit Sicherheit kein Einzelfall. Wenn es darum ging, Mädchen und Frauen Arbeit aufzubürden, war vom »schwachen Geschlecht« keine Rede. Was dagegen ihre Position in Familie und im dörflichen Leben betraf, so wurden sie, wo es nur ging, benachteiligt und unterdrückt. Schon an den meisten Bräuchen und Späßen der Dorfjugend durften sie sich nicht beteiligen, weder beim Martinsfeuer noch in der Nacht zum Ersten Mai, ganz zu schweigen vom Polterabend, der »Hillig«. Es gab zwar einen Junggesellen-, nicht aber einen Jungfrauenverein. Bei der Partnerwahl war es ganz selbstverständlich, dass die Männer die Frauen aussuchten und nicht etwa umgekehrt. Waren die Frauen dann erst einmal verheiratet, so waren sie bedingungslos dem Willen des Mannes ausgeliefert, denn der hatte nicht nur in der Ehe, sondern auch in ökonomischer Hinsicht Befehlsgewalt.

Wenn auch ausnahmslos alle Angehörigen der bäuerlichen Familie hart arbeiten mussten, so ging die Belastung der Frauen doch über jedes Maß hinaus, das für uns heute vorstellbar ist. Selbst vor dem Krieg konnte meine Großmutter ihr Pensum nur bewältigen, indem sie zwei Nächte in der Woche durcharbeitete. Und während des Krieges musste sie zusätzlich noch den ganzen Betrieb führen. Das hieß also sechs Hektar Land bestellen, einen großen Haushalt betreiben, vier Kinder hüten, die Schwiegermutter pflegen und sich auch noch sexueller Übergriffe der »Herren von Lutzerath« erwehren. Die wenigen im Dorf verbliebenen Männer, die nicht im Krieg waren, übervorteilten die Frauen, wo sie nur konnten. Bezeichnenderweise aber war es genau diese Situation – als sie den Hof allein führte und sah, dass eine Frau ökonomisch das gleiche leisten konnte wie ein Mann –, die ihr Selbstbewusstsein stärkte und zu ihrer Emanzipation führte. So weit sogar, dass sie am Tage des Einmarsches der US-Soldaten die Lutzerather Frauen gegen die »Herren von Lutzerath« anführte und letztere entmachtete.

Die völlige Unkenntnis der jungen Frauen über Sexualität und den Vorgang der Geburt ist erschreckend und ein weiteres Zeichen für ihre Unterdrückung. Begründete nicht gerade dieses Wissen die gleichberechtigte Rolle der Frauen in der Urgesellschaft? Während der für körperlich hart arbeitende Frauen besonders schwierigen Schwangerschaft war von den Männern keine Hilfe zu erwarten. »Wer die Lust hat, soll auch die Last haben« – wie viel Kälte, Lieblosigkeit und Verachtung liegt in diesen Worten! Während die Männer ihrer Lust nachgingen, wurde sie den Frauen nur unter der Bedingung zugestanden, dass sie ein Kind austrugen. Ich kann mich noch an das Interview und meine bange Frage erinnern: „Gab es Nächte, Stunden, wenigstens Augenblicke voller Zärtlichkeit und Hingabe? Oder vorwiegend Schmerz, Tränen und Einsamkeit?" Sie sagte dazu kein Wort.

Ihre unendlich warmen Augen gaben die Antwort.

# »Das hatte das dreckige Luder nicht verraten«

*Schwangerschaft eines Dienstmädchens*

Ich kannte in Kennfus ein Mädchen, dem sein Vater war auch so ein Sozialdemokrat. Die haben Lumpen gesammelt und gingen betteln, so arm waren die. Und mein Pate in Schönbach hat irgendwann dieses Mädchen als Dienstmädchen angenommen. Ja, und wie es geht, da war es auf einmal in Hoffnung. Mein Pate wusste sich nicht frei und da hat er es geheiratet.

Aber wir in Filz wussten nichts davon. Und da haben wir einmal im Herbst hinten auf Hilscheid Kartoffeln gegraben, da sahen wir ein Mädchen von Wollmerath her über den Acker gehen. Sie hatte ein Kind im Arm.

Da sagte meine Mutter auf einmal: »Das ist doch die Schimmischer Liss, das Dienstmädchen von deinem Paten. Woher hat die denn das Kind?«

Und es war wirklich die Liss. Da ist die von Kennfus zu Fuß bis nach Schönbach mit dem Kind auf dem Arm, und das sind bestimmt achtzehn Kilometer.

Am Sonntag darauf waren meine Eltern bei Verwandten. Die haben es ihnen dann gesagt. Da ist meine Mutter fast zusammengefallen. Ihr Bruder hatte ein uneheliches Kind mit einem Dienstmädchen!

Meine Mutter und die anderen Geschwister von meinem Onkel waren alle tagelang krank. Als wir hinkamen, saß Hanni da und war so schuldbewusst, er hat nicht mehr gewagt aufzusehen.

Und als das Kind so drei, vier Jahre alt war, da sagten die Geschwister: Das ist doch ganz ein Kennfuser Kind, das hat nichts von uns!

Da sind sie hinter ihn gegangen und haben rausgekriegt, dass das Mädchen neun Monate vor der Geburt noch gar nicht bei meinem Paten war. Oh, da war was los! Da ist sogar der Ortsbürgermeister von Schönbach verhört worden um festzustellen, ab wann mein Pate das Mädchen kannte. Und nach und nach stellte sich heraus, dass das Kind von seinem eigenen Vater war! Das hatte das dreckige Luder nicht verraten!

Aber es war zu spät, die beiden waren verheiratet.

Und das Mädchen, was daraus kam, ging mit siebzehn Jahren zu einem Schuster in Stellung. Und, weiß der Teufel, dieses Fladdern muss wohl noch im Kennfuser Blut gesteckt haben, denn das Mädchen hat sich mit dem alten Mann da eingelassen, der schon über fünfzig war. Kurz darauf ist er dann gestorben, aber er hatte ihr noch ein Kind gemacht. Oh, wenn bei solchen Leuten mal Not am Mann war, da ist keiner hingegangen, um zu helfen. Und wie das so ist, hat sich die Frau mit allen Kerlen eingelassen, sogar mit den Ausländern, die nach dem Krieg hier waren. Man hatte manchmal den Eindruck, dass sie davon nicht mehr loskommen könnte, obwohl sie immer freundlich und lebenslustig war. Sie war immer picobello gekleidet, sie hatte ja genug Geld von den Kerlen.

Als sie aber dann dafür zu alt war, hat sie wieder einen geheiratet. Heute muss sie bei einem ihrer Söhne im Ruhrgebiet leben.

# DIKTATUR UND KRIEG

»Wir Frauen haben auf dem Hügel gestanden und haben das weiße Betttuch geschwenkt, als ginge es um unser Leben. Das junge SS-Offizierchen war inzwischen stiften gegangen.«

## »Die waren von der Religion regelrecht verstoßen«

*Das Negativbild der Sozialdemokraten*

Die Leute hier in der Gegend haben ja immer Zentrum gewählt. In Kennfus gab es aber auch etliche Kommunisten, es waren Sozialdemokraten. Und das Dorf war schwer verhasst dadurch. Wenn Kirmes war und die waren dabei, da hat es fast jedes Mal Klopperei gegeben. In Lutzerath waren nur drei oder vier Kommunisten. Heute wählen ja mehr SPD, auch hier aufm Land.

Da konnte Versammlung sein, wann es wollte, die haben ihren Mann gestanden, wenn nötig gegen den gesamten Saal.

Die Kirche hat damals schwer, schwer Einfluss geübt auf die Leute. Die Pastöre hatten sogar die Erlaubnis, denen, die SPD gewählt haben, die Kommunion nicht mehr zu geben. Die Kommunisten, also die Sozialdemokraten, waren von der Religion regelrecht verstoßen. Ich weiß gar nicht mehr, ob die überhaupt noch in die Kirche gegangen sind.

Der Scheets Jupp, der war auch Sozialdemokrat, der ging an sich immer in die Kirche. Eines Sonntags predigte der Pastor das Gleichnis vom armen Samariter und dem Mann, der seinen Mantel mit dem teilte. Der Pastor meinte, dass das auch heute so sein müsste. Wer zwei Mäntel habe, sollte dem, der keinen hat, einen abgeben. Kaum war die Messe aus, da ging der Jupp zum Pastor. Der Scheets Jupp, das war so ein Kerl, man konnte nicht sagen, dass er raffiniert war, auch nicht verkehrt, man konnte auch alles von ihm kriegen, aber er war so ein Kerl ... er war Sozialdemokrat. Ja, und der Jupp ging geradewegs zum Pastor und sagte ihm, er habe keinen Mantel. Es würde bald Winter und er hätte nur noch so was Abgerissenes zuhause, damit könne er sich aber nicht mehr auf die Straße trauen. Von ihm, dem Pastor, wüsste er ja, dass er mehrere Mäntel habe. Ob er ihm einen abgeben würde – er hätte es ja vorhin in der Messe gesagt.

»Ja«, sagte da der Pastor, »ich bin doch nicht der Mann, der das geben soll. Ich soll das doch nur predigen.«

»So«, sagte da der Jupp, »wenn das so ist, dann habt ihr mich zum letzten Mal in der Kirche gesehen.«

In Kennfus waren viele, die haben in den Sandgruben gearbeitet, und die haben auch fast alle SPD gewählt. Aber einige Bauern waren auch dabei. Die haben sich zwar alle treu und redlich ernährt, aber man durfte nichts in ihrer Gegenwart von Kirche sagen oder so. Dann sind sie rebellisch geworden. So waren die halt, die waren einfach zu radikal. Die hielten sich immer für etwas Besseres: Hier, ihr seid minderwertig, wir sind das Volk! Die hatten ihren Dickkopf, aber die Messe oder die Prozession haben sie nicht gestört. Aber sie waren gefürchtet. Man hat sie nicht gerne gesehen, auch nicht als Arbeitskollegen, denn die haben immer politikt beim Arbeiten. Die Leute hatten immer Angst, dass sie von denen bei Schlägereien totgeschlagen würden. Die hielten ja zusammen wie Pech und Schwefel.

Wir waren bei der Musik, da saßen auch wieder vier von denen an einem Tisch. Meine Schwester hatte gerade mit einem Wagenhausener ein Verhältnis. Er war kein Sozialdemokrat, aber er war auch nichts Richtiges. Na ja, die beiden bekamen abends Krach und der Kerl brüllte da rum – und schrumm! waren die vier aus Kennfus da und fingen eine Klopperei an!

Aber heute hört man nichts mehr aus Kennfus. Die Sandgruben wurden ja dicht gemacht und da mussten die Kerle woanders arbeiten.

In den 1920er Jahren hier in Filz war immer eine SPD-Stimme dabei. Über die ganzen Jahre hinweg. Und man ist nicht dahintergekommen, wer das war. Alle anderen wählten ja Zentrum.

Auch heute noch wählen nur zwei Familien SPD, die andern alle CDU.

Bei der letzten Wahl blieben Hein und ich zu Hause. Der dreckige Kohl hat uns was von der Rente abgezogen. Hein war so außer sich, der hätte am liebsten alle Wahlplakate von dem Kohl heruntergerissen. Nein, den haben wir nicht gewählt, da sind wir eben zu Hause geblieben.

Auf Parteiversammlungen bin ich nie hingegangen. Überhaupt habe ich mich für die Politik nicht interessiert. Ich hatte andere Sorgen. Hein war ein paarmal auf Versammlungen, aber wir haben uns immer duckes jehal.[59]

---

59 Geduckt, verdeckt gehalten.

# »Auf einmal war halb Lutzerath bei den Nazis«

*Ein Dorf passt sich an*

In den 1920er Jahren und Anfang der 1930er Jahre gab es in Lutzerath nur wenige Nazis. Meistens Leute, die nichts hatten oder nichts waren. Aber als Hitler an der Macht war, war auf einmal halb Lutzerath bei den Nazis. Da haben sie alle »Heil Hitler!« gerufen.

Es ist aber auch allen gut gegangen. Zum Beispiel die Frauen, die abgeschafft[60] waren, konnten in Müttergenesungsheime kommen. Kinderreiche Familien oder Familien in Not haben eine Hilfe gestellt bekommen. Die Kerle, die keine Arbeit hatten, waren im Arbeitsdienst. Was der Hitler in den ersten Jahren machte, war gut. Nur als er dann hinter die Juden ging, das war der Untergang, das war der Untergang.

Der Hauptnazi in Lutzerath war der Kreschel. Der hat die Leute schrecklich schikaniert. Während dem Krieg sollte die Elfriede BDM-Sportführerin werden. Ich wusste nicht, was ich tun sollte. Da hab' ich dem Hein geschrieben, was er davon halten würde. Er schrieb zurück, dass die Elfriede ablehnen sollte, sie sollte sich immer beim großen Haufen aufhalten. Und die Elfriede hat das mitgekriegt, wie ich es jemand vorgelesen habe. Und prompt hat sie es dann in der Schule ausgeplaudert. Noch am selben Tag habe ich eine Vorladung bekommen. Was hat der Kreschel da rumgebrüllt, ganz schrecklich!

Die Kinder mussten ja immer weg zur HJ oder zum BDM. Und immer wenn Messe war, hat der Kreschel sie aufmarschieren lassen, damit sie nicht in die Kirche gehen sollten. Einmal habe ich die Elfriede nicht mitgehen lassen und in die Kirche geschickt. Das hat wieder Krach gegeben. Der Kreschel, der Lump!

60 Abgearbeitet.

## »Da kamen die hohen Nazis ausm Dorf«

*Riskante Gegenwehr*

Einmal bin ich mit meinem Gefangenen, dem Georg, ins Feld gefahren. Georg saß auf dem Wagen und pfiff ein Lied. Auf einmal ging es »Halt, stehenbleiben!« Ein Polizist fragte uns, ob ich nicht wüsste, dass Gefangene nicht auf dem Wagen sitzen dürften und Holzklumpen anziehen müssten. Da sagte ich ihm, dass ich es nicht mit meinem Gewissen vereinbaren könnte, dass ein Mann, der den ganzen Tag arbeitet, neben dem Wagen laufen müsste. Im Übrigen, falls ihm das nicht behage, sollten sie mir meinen Mann wieder zurückgeben, dann bräuchte ich auch keinen Gefangenen. »Georg, setz dich wieder auf den Wagen!«, hab ich nur kurz gerufen und bin weitergefahren.

Als wir abends heimkamen, erzählte die Elfriede, dass die Polizei dagewesen wäre und einen Zettel auf den Tisch gelegt hätte. Auf dem Zettel stand, dass abends eine Versammlung stattfinden sollte und ich dahin kommen müsste. Da bin ich mit dem Zettel zu meinem Nachbarn, einem alten Mann, den sie nicht mehr eingezogen hatten.

»Johann«, sagte ich, »weißt du was von der Versammlung heute Abend?« »Ja, Traud«, sagte der, »davon weiß ich. Was mag denn da wieder los sein?« Da erzählte ich ihm die Geschichte.

»Ohr Traud, das hast du ganz richtig gemacht«, sagte er dann, »das ist bestimmt deswegen.«

Und abends kamen dann alle zusammen, bei denen Gefangene arbeiteten.

Wir Frauen hatten uns abgesprochen, dass wir uns ganz vorne hinsetzen würden und die Männer dahinter. Da kamen dann die hohen Nazis ausm Dorf und der Kreschel erzählte, dass etwas Schwerwiegendes passiert sei und so weiter, und dass Gefangene eben Gefangene wären.

Wir Frauen waren ganz ruhig. Junge, ich hätte dem Kreschel am liebsten direkt meine Meinung gesagt. Aber der Johann wollte mich anstoßen, wenn ich was sagen sollte. Dann bin ich doch rausgeplatzt: Ich wäre die Person, von der er erzählte und ich würde es mir verbitten, dass behauptet würde, ich wäre frech zum Polizisten gewesen. Ich hätte nur die Wahrheit gesagt und dabei würde ich auch bleiben.

»Was?«, sagte der Kreschel und er zischte das so, »Sie bleiben dabei?« »Ja!«, rief ich. »Und wenn ihr mit zwanzig Herren kommt! Das geht nicht, wie ihr mit den Frauen hier umspringt. Wir dürfen nicht mit den Gefangenen arbeiten gehen, obwohl wir ihnen die Felder zeigen müssen. Sie arbeiten für uns und dürfen nicht bei uns am Tisch sitzen.«

Da haben alle Frauen und Männer laut in die Hände geklatscht. Weil ich so frech war, hatten die auch auf einmal Mut. Da ging das noch paarmal hin und her und auf einmal war unser Kreschel so klein. Er wollte die Versammlung beenden und den Fall weiterleiten. Da riefen die Männer von hinten: »Leit den Fall, wohin du willst, Kreschel, der Krieg geht auch mal aus!«

Da fing der vielleicht an zu toben. Das wäre eine Drohung und er würde alle abführen lassen. Da haben wir Frauen dann doch beschwichtigt.

Ja, der Gendarm ist uns noch oft begegnet, und jedes Mal habe ich hämisch gelacht – für mich.

## »Du nix Chef, Chef von Georg Soldat«

*Die Geschichte von Georg und Jolande*

Georg war unser französischer Gefangener, der bei uns arbeiten musste. Nachts mussten die alle in einem Saal einer Wirtschaft schlafen, da wurden sie scharf bewacht. Morgens mussten sie abgeholt und abends hingebracht werden.

Georg hatte eine Schwester, die in Jena arbeiten musste. Sie hieß Jolande. Und irgendwann hatte sie uns geschrieben, dass sie Georg besuchen wollte. Das ist auch von unserer Gefangenenleitung genehmigt worden. Da kam er vielleicht freudestrahlend nach Hause!

An dem Tag, wo sie kommen sollte, ging ich zu den Posten und hab ihnen gesagt, einer von ihnen müsste mit Georg nach Cochem gehen seine Schwester abholen. Wir haben dann den Georg gehen lassen mit dem Gedanken, er würde zu den Posten gehen. Na ja, und einige Stunden später wurde ich zum Telefon gerufen. Die Cochemer Feldgendarmerie war dran: Was mir einfallen würde, den Gefangenen einfach losgehen zu lassen.

Ich sagte ganz ruhig: »Davon weiß ich nichts. Der Georg sollte zu den Posten und mit einem von denen nach Cochem gehen.«

Die Posten sind ja auch nicht hochgekommen und haben gemeldet, dass Georg nicht gekommen wäre.

Und der Gendarm brüllte ins Telefon, der brüllte!

Ich war so böse, dass ich ihm gesagt habe: »Ich kann nichts dafür. Schickt mir meinen Mann nach Hause, dann brauch ich auch keinen Gefangenen mehr! Wenn der Mann heute Abend nicht hier ist – das Vieh steht im Stall und kann nicht warten –, dann komme ich mit meinen Kindern zum Gefangenenlager und bleibe so lange dasitzen, bis mir jemand das Vieh füttert. Ich kann mich für den Mann verbürgen. Er ist wie ein Bruder zu den Kindern. Ich gebe Ihnen drei Stunden Zeit.«

Kurze Zeit später, wir waren beim Kaffeetrinken, musste ich wieder ans Telefon. Es war ein Dolmetscher dran: Wir sollten Jolande in Cochem abholen. Was sollten wir jetzt machen? Wenn Georg nicht freikam, war sie ganz umsonst gekommen, und sie hatten sich doch schon jahrelang nicht gesehen. Gott sei Dank hatte Hein gerade Heimaturlaub, und da ist er den ganzen Weg mit zwei Fahrrädern nach Cochem gefahren. Aber als er gerade den Cochemer Berg runterfahren wollte, kam sie ihm schon entgegen. Ja, man hat sich begrüßt und die beiden bestiegen die Räder. Aber Jolande fuhr immer so vierzig Meter hinter ihm. Wenn er stehen blieb, blieb sie auch stehen. Sie sagte immer zu Hein: »Du nix Chef, Chef von Georg Soldat.« Jolande traute Hein nicht, weil er doch keine Uniform anhatte.

Als sie in Lutzerath ankamen, liefen schon die Leute zusammen, weil sie von dem Vorfall gehört hatten. Aber da stand sie nun und kannte keinen Menschen.

Auf einmal rief einer: »Da kommt er!«

Da kam Georg die Straße entlanggelaufen und winkte mit den Armen und Jolande lief ihm entgegen. Da lagen sie sich in den Armen und weinten.

Das alles spielte sich 1941 ab.

Zwei Jahre vorher, als der Krieg begann, sollten ja schon angeblich Franzosen einmarschiert sein. Wir hatten gerade Klee geholt und kamen nach Hause. Da hörten wir schon von weitem lautes Geschrei. Alle Straßen waren mit Wagen versperrt. Es hieß, jeden Augenblick würden die Franzosen kommen, es wäre Krieg. Aber sie kamen nicht.

So begann bei uns der Krieg.

Die ersten Weihnachten 1939 war Hein noch zu Hause. Da haben wir mit einigen Berliner Soldaten von der Filzer Flakstation, die hier in Lutzerath ihr Quartier hatten, Weihnachten gefeiert. Aber im nächsten Jahr wurde Hein eingezogen und da stand ich alleine mit der Landwirtschaft und den ganzen Kindern.

## »Die Leute haben wirklich getrauert um die Juden«

*Auch aus den Eifeldörfern wurden die Juden deportiert*

In Lutzerath gab es keine Juden. Aber von Wittlich kamen viele Juden hierhin. Mein Brautkleid war noch von einem Wittlicher Juden, der war sehr heimisch hier. Wenn der ins Dorf kam, riefen alle: »Ach, Herr Sommer, sind Sie auch noch mal hier?« Wenn einer kein Geld hatte, das konnte man auch bei dem bekommen. Aber nicht, dass der einen deswegen gehänselt hat oder so. Ein anderer Jud war ein großer Viehhändler. Ende der 1920er Jahre ging es vielen Bauern schlecht. Die Frucht war nichts mehr wert, und die Steuern wurden immer noch erhöht. Da hätten einige Bauern versteigern müssen, wenn ihnen die Wittlicher Juden nicht geholfen hätten. Die haben ihnen Geld gegeben und haben dafür eine Kuh bekommen. Aber die Kuh blieb bei dem Bauern im Stall. Nur die Kälber waren dem Jud, das war sein Zins. Die haben vielen kleinen Leuten geholfen. Deshalb hätten sie doch wenigstens solche Leute leben lassen müssen!

Auf einmal hieß es: Sie haben den Felix geholt! Das war der Viehhändler.

Und der Sommer, der war mittwochs noch bei uns. Meine Schwiegermutter hatte ihm noch eine Tasse Kaffee gemacht. Da hat er noch lange bei uns gesessen. Er sagte noch: »Habt ihr gehört? Die fangen jetzt an und holen die Juden hierum ab.«

Da sagte meine Schwiegermutter noch: »Ach, die holen euch nicht. Die anderen, das sind alles welche, die was verbrochen haben.«

Wir hatten aber schon anderes gehört, wollten dem armen Mann aber nichts sagen.

Dann ist er noch nach Kaisersesch gefahren. Als er nach Hause kam, da lag schon ein Schreiben vor, dass er sich melden sollte zum Abtransport.

Er hat es aber nicht mehr erlebt. In der Nacht ist er an einem Schlag gestorben, so erzählte man sich. Unser Herrgott hat ihn vorher noch geholt.

In der näheren Umgebung waren Juden in Alflen, Ulmen und Cochem. Sie wurden alle abgeholt. Die waren doch alle so in Ordnung! Die Leute hier haben wirklich getrauert um die Juden. Aber was sollte man machen? Keiner wusste, wohin die kamen.

Eines Tages kam ein alter Mann aus Lutzerath zu mir und fragte mich, ob ich am nächsten Tag mit nach Koblenz fahren würde, da würden Judenmöbel versteigert. Da könnte ich mir doch mal neue Möbel kaufen. Aber das ging gegen meine Natur. Nein, das habe ich nicht gemacht. Das wäre doch Unrecht gewesen!

## »Was, Sie waren in Auschwitz?«

*Hein wird Zeuge*

Am Ende des Krieges, da wurde Hein auf einmal nach Auschwitz stationiert, bei der Vernebelung und der Flak. Damals wusste ja noch kein Mensch, was da los war. Auf dem Gelände rauchten immer die Schornsteine, aber Hein hat sich nichts dabei gedacht. Bis eines Tages einer sagte, als es wieder zu qualmen anfing: »Oh je, die armen Juden wieder.«

»Wie?«, sagte da Hein. »Die armen Juden?«

Da war sein Kamerad verärgert: »Ja, siehst du denn nicht, wie es raucht?«

Hein sagte, er hätte dagestanden wie gelähmt.

Dann dachte er nur noch: Dann kommen wir auch noch an die Reihe. Wenn die keine Juden mehr haben, holen sie uns.

Er erzählte, da wären immer zwei nette Mädchen bei ihnen vorbeigekommen. Die hätten da im KZ gearbeitet, hätten aber draußen gewohnt. Die wären immer so lustig gewesen. Aber eines Tages wäre nur noch eins gekommen und keiner hätte sich getraut zu fragen. Bis einer doch mal fragte. Da fing das Mädchen an zu weinen und erzählte, dass seine Cousine abgeholt worden wäre. Die war bestimmt schon vergast. Und ein paar Tage später war sie auch dran.

Hein hat davon zu Hause erzählt. Aber nur zu mir, so viel Angst hatte er.

Nach dem Krieg durfte erst recht keiner wissen, dass er in Auschwitz gewesen war. Kurz nach dem Krieg lag er in Mayen im Krankenhaus. Da unterhielt er sich mit seinem Bettnachbarn. Ob Hein denn auch im Krieg gewesen wäre.

»Was, Sie waren in Auschwitz?«, sagte der dann.

»Ja«, sagte Hein, »bei der Vernebelung.«

Und da stellte sich heraus, dass das ein Jude war, mit dem Hein da gesprochen hatte. Da wurde ihm angst und bange. Der Jude erzählte, dass die Russen alle Deutschen umgebracht hätten, als sie das Lager eroberten. Keiner wäre übriggeblieben, und deshalb könnte das nicht stimmen, was Hein da erzählte. Da hat Hein nachgedacht. Genau zu der Zeit war er zuhause in Urlaub. Er hat auch nie mehr einen getroffen, der damals bei ihm war. Unser Herrgott hat ihm beigestanden.

Von da an war Hein vorsichtiger.

## »Junge, dem habe ich vielleicht das Gesicht verkratzt«

*Alltag während des Krieges*

Einmal während des Krieges wollte ich Steuern bezahlen aufm Amt. Ich kam rein und habe Guten Tag gesagt. Es kamen noch andere Leute und alle kamen sie vor mir dran. Ich hab schon nach der Walburga geguckt, die da tippte, aber ich kam nicht dran. Auf einmal kam ein Mann aus Klidding an die Reihe. Der sagte: »Nein, diese Frau ist vorher dran.« Und er zeigte auf mich.

Da kam es von Kreschel, denn der saß am Schalter: »Die tut zuerst mal deutsch grüßen!« Ich hab vielleicht geguckt!

»Nein, Herr Kreschel, als Erstes weiß ich gar nicht, ob ich Heil Hitler gesagt habe, und zweitens tue ich es jetzt schon gar nicht!«

Da bin ich raus und hab die Tür hinter mir zugeknallt.

Vorher hab ich den Mann aus Klidding nach seinem Namen gefragt. Aber kaum war ich draußen, da kam die Walburga schon hinter mir her: Ich soll wieder zurückkommen. Da bin ich wieder ins Büro und habe ihm das Geld gegeben. Da hat er mir die Quittung hingeknallt!

»Danke für die Freundlichkeit«, sagte ich und bin wieder raus – auch ohne zu grüßen.

Während des Krieges habe ich mal ein Gesuch gestellt. Ich weiß nicht mehr, um was es ging. Jedenfalls, das Gesuch musste vom Ortsbauernführer der Partei unterschrieben werden. Ich ging abends zu ihm. Er sagte, ich sollte wieder nach Hause gehen, er käme gleich zu mir. Ich habe geglaubt, das sei Freundlichkeit von ihm.

Und nachher, als wir gerade bei uns in der Küche standen, wollte ich gerade ein paar Papiere aus der Tischschublade holen, da hat er mich doch glatt überfallen.

Junge, dem habe ich vielleicht das Gesicht verkratzt! Ich habe den getreten, wo ich nur hingekommen bin! Am Schluss, als ich es nicht mehr geschafft habe, habe ich laut um Hilfe gerufen. Willi und Elfriede waren ja noch in der Küche.

Ja, als die Kinder reinkamen, hat er das Gesuch geschnappt und weg war er.

Ein paar Wochen später schrieb Hein, dass das Gesuch angekommen wäre, es würde aber ein Stempel fehlen. Er könnte sich das nicht erklären. Da habe ich dem Hein alles geschrieben. Der ist dann zu seinem Spieß gelaufen und hat ihm alles erzählt.

»Was?«, sagte da der Spieß. »Das wird doch wohl nicht wahr sein! Wir haben die Ortsbauernführer und die Reklamierten doch nicht als Hengste im Dorf!«

Da wollte er den Kerl schon abholen lassen. Der wäre erschossen worden oder sein Leben lang ins Arbeitslager gekommen.

Aber Hein hat abgewehrt. Er wollte in Urlaub fahren und die Sache selbst regeln. Als Hein zu Hause war, musste er gleich ein paar Ketten zum Schmied nach Driesch bringen. Und oben auf der Höhe der Post begegnet ihm der Kerl.

»Wie, Hein, du bist wieder hier?«, rief er scheinheilig.

»Ja«, sagte Hein, packte die Ketten und ging auf ihn los. Und der schnurstracks in die Post rein und hat sich da eingeschlossen.

Kaum war Hein wieder zu Hause, da klopfte es an der Tür: »Ihr könnt meine zwei Pferde haben und all mein Land.«

Aber ich sagte ihm nur, er solle reinkommen und sich zu uns an den Tisch setzen. Man könnte das auch im Guten regeln. Wir würden ihn nicht verraten, wenn er mir in Zukunft alle Gesuche unterschreiben würde, die ich ordnungsgemäß aufgesetzt hätte. Und wenn er mich in Ruhe lassen würde. Aber dass die Leute jetzt über ihn reden würden, daran könnte ich nichts ändern. Ich würde meinen Mund nicht halten und meine Ehre verteidigen. Das müsste er wissen.

Aber da war noch einer. Der hat immer geholfen und kam immer zu mir. Bis auf einmal, da wusste ich, was der wollte. Und als das vorbei war, da kam er nicht mehr. Ja, so war das. Ich hab mich natürlich auch mit anderen Frauen darüber unterhalten. Da kam hier eine Frau, die sich beschwert hat, und da kam eine.

## »Mit drei Frauen habe ich ein weißes Betttuch als Fahne gehisst«

*Kriegsende in Lutzerath*

Im Lutzerather Wald haben sie noch kurz vor Kriegsende V1-Raketen[61] abgeschossen. Die sollten alle nach England gehen. Die kamen teilweise so niedrig über die Dächer hinweg, dass wir glaubten, die Häuser würden einstürzen. In der Nähe von Gillenbeuren war auch eine solche Abschussstation. Eine V1 ist ja in Filz durch ein Haus geflogen. Überall im Lutzerather und Filzer Wald lagen abgestürzte V1 rum.

In der gleichen Zeit haben sie eine SS-Einheit hier nach Lutzerath stationiert. Da kam ich mal in die Bäckerei, und da stand der Pastor drin und ein Mann von der SS. Als ich die Tür wieder zugemacht hatte, sah ich, wie die alte Frau zitterte wie Espenlaub. Der SS-Mann wollte Brot haben, hatte aber keinen Brotschein. Und da durfte doch die Frau kein Brot abgeben. Der SS-Mann brüllte da rum wie ein Stier. Auf einmal zog er die Pistole und drohte, alle zu erschießen! Da kamen aber Gott sei Dank noch mehr Leute in den Laden und er zog wütend ab.

Als die Amis dann kamen – oh je, daran darf ich gar nicht mehr denken. Die kamen ja von Gillenfeld. Und als die bis auf einen Kilometer an Lutzerath heran waren, haben sie einen geschickt, der uns fragte, ob wir das Dorf übergeben würden. Oh, da haben sich bei uns die Herren vielleicht aufgeführt, und ein junger Kerl von der SS hatte sich schon im Kirchturm verschanzt und wollte Lutzerath verteidigen. Das war ein Durcheinander, denn alle wussten, dass das Dorf beschossen würde, wenn wir nicht übergeben würden. Alle haben den Pastor aufgefordert,

61 Die V1 würde man heute als Marschflugkörper bezeichnen – die V2 als ballistische Rakete.

er solle mit einer weißen Fahne den Amis entgegengehen, aber er machte es nicht. Der Kreschel tobte da rum. Aber wir ließen den Herren keine Ruhe.

Da ging eine Frau zum Pastor und setzte ihm eine Pistole ins Genick: »Und du gehst doch!«

Wenn der stiften gegangen wäre, die hätte den niedergeknallt. Sie zwang ihn so, mit ihr ins Tal zu gehen zu den Amis, der Pastor und sie mit der Pistole hinterher.

In der Zwischenzeit habe ich mich mit den Frauen beraten. Mit drei Frauen habe ich ein weißes Betttuch als Fahne gehisst. An einer Bohnenstange hatten wir es festgemacht und sind so durchs Dorf auf einen kleinen Hügel, den man vom Tal aus gut sehen konnte.

Da standen dann die alten Nazis und die anderen Herren von Lutzerath am Straßenrand und zischten: »Das werdet ihr noch bereuen!«

Wir Frauen haben auf dem Hügel gestanden und haben das weiße Betttuch geschwenkt, als ginge es um unser Leben. Das junge SS-Offizierchen war inzwischen stiften gegangen.

Das alles hat mich sehr verbittert. Ich hab mir nichts mehr gefallen lassen von diesen Herren der oberen Gerechtigkeit. Und deshalb war ich froh, nach dem Krieg wieder nach Filz gehen zu können. Dort musste einer den Hof übernehmen, weil mein Vater inzwischen zu alt war.

Es hat mich richtig angeekelt.

Als die Amis ins Dorf kamen, haben sie alle Häuser nach Soldaten durchsucht, aber sie haben keine gefunden. Was hatte der Kreschel uns bang gemacht, die Neger würden alle deutschen Frauen überfallen und am Ende alle niedermetzeln. Als die Amis schon in Gillenfeld waren, habe ich zur Nachbarsfrau gesagt: »Du, wenn die Amis kommen, holen die uns alles weg. Komm, wir schlachten unsere Schweine!« Sie hatte eines und ich auch. Aber wer sollte sie uns totmachen?

Da kam der alte Briefträger und fragte, was wir denn zu beraten hätten. Wir haben ihm alles erzählt. Er hat uns dann die Schweine totgeschlagen, alles andere konnte ich selber machen. Ich war ja in Kesselheim bei einem Metzger beschäftigt. Wir hatten sie gerade schön versteckt aufgehangen in der Scheune, und nachmittags wollten wir dann noch schnell Wurst machen. Da sind die Amis aber schon einmarschiert und es bummte gegen die Tür. »Oh wei«, dachte ich, »jetzt ist es aus!«

Da kamen sie rein, zu dritt, haben uns zugeguckt und haben gelacht. Dann gingen sie wieder. Uns ist das Herz bald stehen geblieben.

Als sie raus waren, haben wir noch mal schnell weitergemacht. Und es dauerte keine Viertelstunde, da bummte es wieder gegen die Tür.

»Jetzt kommen sie unser Fleisch holen!«, rief die Hildegard.

Da kamen zwei rein. Einer war Dolmetscher. Er fragte uns, ob sein Kamerad uns helfen könnte, er sei Metzger.

»Gern«, haben wir gesagt. Und ich habe ihm eine Schürze gegeben und er hat uns beiden die Wurst gemacht. Und was für eine feine Wurst! Wurst, die wir gar nicht kannten!

Abends haben wir den beiden noch ein großes Essen gemacht. Und wir hatten einen Spaß!

Da sagte ich erleichtert zu meiner Schwägerin: »Hildegard, wir hatten einen guten Schutzengel!«

Der Dolmetscher hat das mitgekriegt und fragte uns, ob wir vor ihnen Angst gehabt hätten. Wir sagten ihm, uns sei Angst gemacht worden. »Von wem?«, fragte da der Ami. Oh, das hätten wir vergessen, das wüssten wir nicht mehr. Da hätte ich fast zu viel gesagt

# HEXER UND TOTENERSCHEI-NUNGEN

»Früher war das mehr mit der Hexerei hierum. Heute hört man ja fast gar nichts mehr davon. Die jungen Leute heute meinen oft, sie wären schlauer, und lachen die alten Leute aus. Wenn sie heute etwas haben, laufen sie zu einem Doktor oder Professor, wer weiß nicht wohin.«

# Hexer und Hexen

Anfang des 20. Jahrhunderts spürten die Bauern deutlich, dass die Marktwirtschaft – sollte sie in den ländlichen Gebieten richtig Fuß fassen – zu einer radikalen Veränderung des bäuerlichen Lebens führen würde. In einer solchen Situation von Angst und Unsicherheit war es vielleicht die Aufgabe dieser uns so irritierenden Geschichten von Hexern und Irrlichtern, den Unterschied von Gut und Böse drastisch vor Augen zu führen. »Wo aber Traditionen gewaltsam gebrochen und selbstverständliche Lebensvollzüge in Frage gestellt werden, besteht die Gefahr, dass sich keine vernunftgemäßen Anschauungen neu herausbilden, sondern ein dem zerstörten Weltbild formgleicher, aber inhaltlich modifizierter, irritierter Glaubenskomplex.«[62] »Neben den religiösen Traditionen lebten spezifische Volksüberlieferungen fort und fanden ihren Ausdruck in all den Gestalten, die die Menschen im Wald, auf der Feldflur oder im Hause umgehen sahen.«[63] »Der kleinbäuerlichen Welt, die kaum andere psychische Stützen als die Normen und Formen des dörflichen Brauchsystems kannte, mussten Eingriffe in dieses System wie eine Zerstörung der Sinnlichkeit erscheinen.«[64]

Die Menschen im Dorf, die im Aussehen, in ihren Fähigkeiten, in ihren sexuellen Orientierungen, in ihrer Wahrnehmung spiritueller Bindungen oder in ihrer Sprache anders waren als die anderen, spielten in diesen Geschichten oft eine besondere Rolle. Man hatte Angst vor ihnen oder man bewunderte sie, oft beides zugleich.

62 Sabine Doering-Manteuffel: Die Eifel – Geschichte einer Landschaft

63 Ebd.

64 Ebd.

Und oft wies man ihnen heikle Aufgaben zu. Man webte um sie herum Geschichten, die für ein Verständnis sorgen sollten und für eine Integration ihrer besonderen Eigenschaften und Fähigkeiten in den bäuerlichen Alltag.

Doch wandte sich die siegreiche und aufstrebende bürgerliche Wirtschaft lieber der Eroberung bereits bestehender Märkte zu als der Schaffung und Entwicklung neuer Märkte im Inland. Noch überließ man die Eifel quasi sich selbst. Und die Bauern wollten bei dem bleiben, was sie am besten konnten. Sie wollten Bauern bleiben und all das behalten, was ihnen bisher Identität, Persönlichkeit und Verortung im Weltgeschehen vermittelt hatte – unter anderem auch ihre Geistergeschichten. Und überhaupt: Waren die Gesetze des Marktes nicht noch wesentlich geheimnisvoller als ihre einfachen Geschichten von Gut und Böse? Der Markt machte Angst. Wir können das heute kaum nachvollziehen. Doch wenn wir mit einem kritischen Abstand auf die Dinge schauen, könnten wir uns fragen: Was ist ein Irrlicht gegen die in unseren Banken praktizierte, scheinbare Mystik der Geldschöpfung aus dem Nichts, wenn Kredite ineinander verschachtelt werden? Auch unsere Zeit hat ihre auf Anhieb nicht erklärbaren Geheimnisse.

## »Es drückte ihm den Hals zu«

*Das Irrlicht vom Auderather Totenkreuz*

Zwischen Filz und Auderath wurde noch vor meiner Zeit mal ein Mann mit seinem Ochsen vom Blitz erschlagen. Seitdem steht da am Weg ein dunkles Kreuz. Und viele Leute erzählen sich, dass, wenn man nachts da vorbeikommen würde, ein böser Geist in Tiergestalt einen am Hals packen würde. Dieses Tier würde ein Licht ausstrahlen, die Leute nannten es das Irrlicht.

Mein Ohm Peter, der hat daran nicht geglaubt. Der ist damals nach Auderath freien gegangen. Und eines Abends kam er zufälligerweise Punkt zwölf an dem Kreuz vorbei, als er wieder nach Filz gehen wollte. Auf einmal gab das ein Fauchen und Zischen, und schon hatte er das Irrlicht an seiner Brust sitzen und es drückte ihm den Hals zu. In seiner höchsten Not hat er sich daran erinnert, dass die Leute erzählen, man müsse dann so viel Vaterunser beten wie man Knöpfe an der Jacke hat. Er hat gebetet und nach den Vaterunsern war das Irrlicht wirklich weg.

Die Leute haben wirklich geglaubt, dass sie ihr Leben verlieren würden. Ich habe noch letztens mit Linde Mattes darüber gesprochen, dass schon lange keiner mehr vom Irrlicht befallen worden ist. Aber so ganz einerlei war das dem Mattes auch nicht.

Das mit dem Ohm Peter muss sich so 1903 zugetragen haben.

## »Komm, der Jäger sieht uns nicht«

*Zwei Menschen und eine Schafherde werden unsichtbar*

Zu Zeiten meines Großvaters lebte in Auderath ein Mann, der konnte hexen. Vor dem hatten die Leute Gamaschen. Und eines Tages hütete mein Großvater hinten am Tiefenbach seine Schafe, da kam dieser Auderather Mann mit ein paar Kühen auch auf den Platz.

Die beiden haben sich unterhalten, und auf einmal sagte der Auderather:

»Komm, lass uns in der Fichtenkultur weiden, da ist so schönes Gras!«

»Ach du lieber Gott«, sagte da mein Großvater, »dazu bin ich nicht kühn genug. Wenn das der Jäger sieht, dann werden wir unseres Lebens nicht mehr froh.« Das war doch strengstens verboten, in der Kultur zu weiden.

Da sah der Auderather meinen Großvater an und sagte bedächtig: »Komm! Der Jäger sieht uns nicht.«

Mein Großvater war nicht dafür, aber er hatte Angst vor dem Auderather und er trieb seine Schafe auch in die Kultur. Dann setzten sich beide auf Baumstümpfe und erzählten sich. Auf einmal sah mein Großvater den Jäger oben auf dem Weg.

»Oh Herr«, sagte da mein Großvater, »jetzt kann ich meine Schafe verkaufen. Jetzt behalte ich keinen Pfennig mehr.«

Da sagte der Auderather: »Nun sei ruhig, setz dich hin, der sieht uns nicht.« Und der Jäger kam immer näher. Er ging durch die Schafherde hindurch und nur ein paar Meter an meinem Großvater vorbei. Aber er hat niemanden gesehen, keine Schafe und auch nicht den Auderather.

Als der Jäger weg war, fing der Auderather an zu lachen. Mein Großvater nicht. Er sagte, er hätte in die Hose gemacht vor lauter Angst. Der hätte doch ein Protokoll gemacht, da wäre die ganze Herde drauf gegangen.

## »Unter seinem Kopfkissen würde das Hexenbuch liegen«

*Vater und Tochter waren Hexer*

Zu meiner Zeit lebte hier in Filz ein Mann, dem haben die Leute nicht getraut. Als er schon ziemlich alt war, wurde er auf einmal schwer krank. Dessen Tochter haben sie übrigens auch nicht getraut. Und der Mann wurde immer kränker, aber er kam nicht zum Sterben. Alle Leute haben sich gefragt, warum der Mann nicht stirbt.

Eines Tages war er es leid und er sprach zu seiner Frau: »Wenn der Pastor noch mal kommt, sag ihm, er soll reinkommen. Aber er darf kein Licht machen.«

Und als der Pastor kam und die Frau ihm sagte, er dürfe kein Licht brennen lassen, wusste der schon Bescheid. Er ging rein, und der Mann sagte ihm, unter seinem Kopfkissen würde das Hexenbuch liegen. Der Pastor müsste das verbrennen, sonst könne er nicht sterben. Kaum hatte der Pastor das Buch verbrannt, da ist er am selben Abend noch gestorben.

Diese Bücher gab es früher oft. Da musste eine heilige Messe darüber gelesen werden. Erst dann waren sie wirksam. Die alten Pastöre machen das ja heute noch, dass sie vor der heiligen Messe den Altartisch abtasten, ob sich unter dem Altartisch so ein Buch befindet. Das war doch Teufelswerk! Auch heute noch kenn ich einen Hexer, der so ein Buch hat.

Aber diesem Filzer Hexer seiner Tochter, der hat man auch nicht getraut. Das war dasselbe Haus. Meine Mutter ist einmal mit meiner Schwester und der kleinen Helmi im Kinderwagen losgefahren. Da kam auf einmal diese Frau aus dem Haus und hat sich über den Kinderwagen gebückt. Und – bums! – von der Stunde an hat das Kind keine Flasche mehr getrunken. Meine Mutter sagte immer, die Frau hätte das Kind verhext. Das Kind aß und trank nichts mehr. Und das dauerte ein paar Tage.

Zu der Zeit lebte in Demerath ein Mann, der konnte auch hexen. Und der ging ab und zu von Demerath nach Auderath, weil er da geboren war. So ist er immer an unserem Haus vorbeigekommen, und so auch damals. Meine Mutter war froh, dass sie ihn gesehen hatte, und fragte ihn, ob er reinkommen könnte.

Er sah meine Mutter an und fragte: »Ist denn etwas für mich zu tun?«

Meine Mutter erzählte ihm von dem Kind, das die Frau verhext hätte und das nichts mehr essen würde. Da sagte er zu meiner Mutter, sie solle ihm eine Tasse Kaffee machen und aus dem Zimmer gehen, damit er mit dem Kind alleine wäre.

Kurze Zeit darauf rief er meine Mutter rein und sagte: »Ich weiß gar nicht, was du willst, das Kind isst doch!«

Und von da an hat das Kind wirklich wieder normal gegessen.

Das ist uns passiert. Aber wir können nicht sagen, was uns passiert ist.

## »Meistens haben die Hexer einen schweren Tod«

*Hexerei als alltägliche Erscheinung*

In Winkel lebte auch ein Hexer. Der hatte Krach mit einem anderen Mann aus Winkel. Und als dieser Hexer mal oberhalb vom Dorf im Feld arbeitete, da kam der andere Mann mit seinem Fuhrwerk vorbei.

»Na warte, Freundchen«, sagte da der Hexer, »ich krieg dich jetzt mal dran.«

Er ging zu dem anderen hin und sagte ihm: »Entweder du kommst jetzt mit mir und unterschreibst meinen Kontrakt oder du bleibst hier stehen bis an dein Lebensend.«

Was sollte der arme Mann machen. Er hat versprochen zu unterschreiben.

Ein anderes Mal hatte eine von unseren Kühen den ganzen Euter voller Warzen, dass man keine Milch mehr melken konnte. Da sagte meine Mutter: »Ich muss sicher mal den Kordel holen.« Der Kordel – die Leute haben ihn immer Flatsch-Kordel genannt, weil er immer so daher »geflohzt« kam –, das war auch so einer, der hexen konnte. Es war ein langer, dünner Kerl, der hat die Schuhe immer verlatscht, so ein Flatscher und Flohzer war das. Da kam er mal vorbei und meine Mutter sprach ihn an: »Hör mal, Kordel, ich würde meine Kuh so gerne melken, aber der ganze Euter ist voller Warzen.«

Da kam er seelenruhig in den Stall gelatscht: »Das ist doch nicht so schlimm, dem kann man doch nachhelfen.«

Er schickte meine Mutter ins Haus, Öl holen. Als sie wieder da war, kam er schon aus dem Stall: »Es ist gut, die Kuh hat doch gar nichts. Ich weiß gar nicht, was du willst!«

Und meine Mutter ging in den Stall – und die Warzen waren fast ganz verschwunden. Das ist Tatsache, ich habe es mit eigenen Augen gesehen.

In »Hirschend«[65] , da lebt ein Mann, der konnte es auch. Bei dem war ich auch mal. Und zwar hatte ich so eine dicke Stachelwarze am Daumen, die immer so weh tat. Damit war ich mal bei dem. Da sagte er ganz ruhig: »Das kriegen wir schon.« Er nahm meinen Daumen in seine Hand und murmelte ganz lange etwas vor sich hin. Die Sprache habe ich nicht verstanden. Als er fertig war, sagte er mir, ich sollte in den nächsten sieben Tagen jeden Tag sieben Vaterunser beten. Und die Warze war wirklich nach sieben Tagen weg.

Das mit dem Warzen-Wegbeten hat der Mann einer Wollmerather Frau weitergegeben. Aber die Frau kann nicht hexen, die kann nur die Warzen wegmachen. Und wie man hört, ist es immer gut gegangen. Der Mann lebt heute noch, aber er ist nur noch ein schwerkranker, armer Kerl. Meistens haben die Hexer einen schweren Tod.

Der Flatsch-Kordel hat uns auch noch ein anderes Mal geholfen. Eines Tages wurden unsere Kühe krank. Sie haben nichts mehr gefressen, haben keine Milch mehr gegeben und man konnte sie nicht mehr vor den Wagen spannen. Es war ganz schlimm. Da wusste sich meine Mutter keinen anderen Rat und hat den Kordel gerufen.

Der wusste gleich, was los war: Die Kühe waren verhext. Er hat uns aber ein Zaubermittel verraten. Wir sollten in einem großen Topf Milch kochen und dabei immer mit einer Gabel reinstechen. Das haben wir abends dann auch gemacht. Uns was ganz komisch zumute. Die Milch kochte und mein Vater stach immer mit der Gabel rein.

Auf einmal bummte es ganz schrecklich gegen die Haustür und es brüllte, wie ein wildes Tier. Es war der Hexer aus dem Dorf, der, der nicht sterben konnte, weil er das Hexenbüchlein noch unter dem Kopfkissen hatte. Er hatte das ganze Gesicht zerstochen und blutete

65 Hörschhausen.

überall. Und jedes Mal, wenn mein Vater wieder in die Milch stach, dann brüllte er auf und hatte wieder eine neue Wunde: »Hört auf, hört auf! Ihr stecht mich noch kaputt!«

Da hatte er den Stall verhext. Und mein Vater ließ nicht eher davon ab, bis er den Fluch vom Stall geholt hatte.

## »Der hat ihnen geholfen, den Fluch vom Stall zu nehmen«

*Der Hexer von Strotzbüsch*

Der Lauxe Johann hatte mal den »Pies« von Strotzbüsch hier. Dieser Mann aus Strotzbüsch hatte zwei Mädchen. Und als der Mann den Johann fertig gepiest hatte, hat er ihn lange angeguckt und ihm gesagt, er solle am nächsten Sonntag zu ihm nach Strotzbüsch kommen. Dann ist er gegangen! An sich wollte der Johann gar nicht nach Strotzbüsch. Er konnte nicht anders. Und so ging es jeden Sonntag. Er kam nicht mehr von dem Kerl los, bis er eines der Mädchen geheiratet hatte. Dann war es gut. Und was ist aus ihm geworden – ein armer Kerl, der in der Weltgeschichte herumfliegt. Und das Schlimmste war, dass der Strotzbüscher Kerl selbst nach Filz kam. Eines Tages wurde es den Leuten zu viel. Da haben sie ihm gesagt, sie hätten keinen Platz mehr für ihn im Haus. Wenn er dableiben wollte, müsste er im Stall schlafen.

Und in derselben Nacht ging eine Kuh kaputt, dann ein Schwein. Und so ist dann alles Vieh kaputtgegangen, bis auf eins oder zwei. Da hat der denen den Stall verhext, weil er nicht im Haus schlafen konnte.

Da sind sie zu dem Flatsch-Kordel gegangen. Der hat ihnen dann geholfen, den Fluch vom Stall zu nehmen. Er hat nach seiner Hexerei ein »Mŏŏr fŏŏß« auf die Stalltüre gemalt, damit der Fluch weggehen sollte. Das war ein Hexenzeichen. Früher hab ich es mal gekonnt. Es war ein Zeichen, das mit einem Zug gemacht werden musste. Aber ich kann es nicht mehr. Vor kurzem habe ich Linde Mattes gefragt, aber der konnte es auch nicht mehr. Ob das was zu bedeuten hat?

Als vor fünf Jahren in Dorfrath innerhalb von drei Wochen das halbe Dorf brannte, da hatten sie auch einen im Verdacht, ein Mädchen verhext zu haben. Aber viele haben auch gesagt, das könnte nicht stimmen. Das wär doch so ein frommer Mann. Man weiß es nicht.

## »Das konnten nur solche Leute, die ganz fromm waren«

*Der Brandsegner von Lutzerath*

Die Elfriede ist mal in eine Waschschüssel voll kochendem Wasser gefallen und hat sich dabei den ganzen Arm verbrannt. Da bin ich dann zu einem Lutzerather Mann, der war Brandsegner. Der nahm sich ihren Arm und hat leise vor sich hin gebetet. Dann sagte er: »Erschreck dich nicht, Traud, morgen früh kannst du vom ganzen Arm die Haut abziehen. Das muss sein.«

Das war gefährlich. Wenn ein Arm mal so verbrannt ist, kann es passieren, dass er abgemacht werden muss. Deshalb bin ich mit ihr zu diesem Brandsegner. Die haben nicht gehext, die haben nur gebetet. Das konnten nur solche Leute, die ganz fromm waren. Die hatten Gewalt darüber.

Als es bei uns in Lutzerath gebrannt hat, ist der Pastor dauernd ums Haus gegangen und hat den Brand weggebetet. Und die Flammen wurden zusehends kleiner. Die Leute müssen in dem Augenblick den Herrgott sehen, wenn sie den Brand segnen. Der Pastor auch. Die Leute haben später erzählt, er hätte laut mit unserem Herrgott gesprochen, als er gegen die Flammen betete. Das wären doch arme Leute hier, und das wäre doch nicht richtig, und so weiter.

Aber komischerweise hatte unser Herrgott fast immer ein Kind dabei, wenn er den Leuten erschien. Aber das mit dem Brandsegner hat man heute gar nicht mehr.

## »Doch mit den Toten, die erschienen sind, konnte man nicht reden«

*Totenerscheinungen*

Früher sind den Leuten auch viel öfter Tote erschienen. Ich weiß, mein Großvater in Schönbach, dem seine Frau war ja so früh gestorben. Als die Frau ein Jahr tot war, in der Nacht, wo sie gestorben ist, hat meine Großmutter neben meinem Großvater gestanden und hat ihm gesagt: »Mattes, bete! Du hast deins getan und ich hab meins getan. Denk an die Kinder!« Und da war sie verschwunden.

Das ist früher oft passiert. Heute gar nicht mehr. Ob die Leute heute nicht mehr so viel beten und so fromm sind wie früher?

Aber mir ist auch noch niemand erschienen, obwohl unser Willi sagte, er käme mich mit einem Rosenkranz abholen, wenn ich sterben würde ... und ich hab schon so viel gebetet. Damals, als Willi gestorben ist, bin ich oft zu einer Frau in Lutzerath gegangen, von der war der einzige Sohn gefallen. Die habe ich gefragt, ob ihr der Josef schon einmal begegnet sei. Sie sagte nein, und sie würde doch so gern mal mit ihm reden.

Doch mit den Toten, die erschienen sind, konnte man nicht reden. Wenn man mit denen sprechen wollte, waren sie sofort verschwunden. Denen durfte man nicht antworten.

Da am Auderather Totenkreuz, da hat der Blitz ja einen Filzer mitsamt seinen zwei Ochsen erschlagen. Das Kreuz steht seitdem an der Stelle, wo später das Irrlicht die Menschen überfallen hat. Genau an der Stelle kam mal ein Mann aus Wollmerath vorbei, der in Auderath Kappes eingeschnitten hatte. Er wollte gerade an dem Kreuz vorbeigehen, da sieht er seinen toten Vater da sitzen, der ein Jahr vorher gestorben war. Er sagte zu ihm, er soll doch für ihn beten. Er hätte in seinem Leben zu wenig gebetet und würde jetzt keine Ruhe finden. Da hat der Kappesschneider ihm versprochen, er würde für ihn beten. Da war sein toter Vater auch schon verschwunden. Er ist ihm nie wieder erschienen.

# GESCHICHTE DER HERRSCHAFT WOLLMERATH

»Filz liegt hoch, Wollmerath ist ein Floh und Wagenhausen ist ein Mauseloch ...«, so beginnt ein alter Kinderspruch, der – was die Größe und Bedeutung dieser Ortschaften betrifft – auch heute noch gilt. Dabei hat allerdings der »Floh« Wollmerath heute mit etwa zweihundert Personen mehr Einwohner als Filz und Wagenhausen zusammen. Und der alte Turm der Pfarrkirche in Wollmerath kündet heute noch von einer Zeit, in der dieser Ort eine wesentlich größere Bedeutung hatte, als die heutige Einwohnerzahl vermuten lässt.

Es ist wahrscheinlich, dass die geschlossene Besiedlung dieser Gegend erst im elften bis zwölften Jahrhundert nach Christus einsetzte. Die erste fränkische – ab dem fünften Jahrhundert – und die später von der Mosel vordringende alemannische Kolonisation werden sich wohl zuerst auf die fruchtbaren Flussläufe und Senken konzentriert haben. Doch im elften und zwölften Jahrhundert kam es im gesamten Reich zu weitgreifenden Rodungen von Wäldern, bei denen auch höher gelegene und damit unfruchtbarere Flächen erschlossen wurden. Dörfer mit »-rath« oder »-rode« als letzter Silbe wurden meist in dieser Zeit gegründet: Wollmerath, Lutzerath, Auderath, Demerath – Ortschaften in unmittelbarer Nähe von Filz. So stammt die erste urkundliche Erwähnung von »Wollmerode« aus dem Jahre 1193.[66]

66 Geschichte der Herrschaft und des Hochgerichtes Wollmerath. Chronik von Lehrer Schaefgen (1849–1886).

Irgendwann muss der Graf zu Wied, dessen Stammburg in der Nähe des heutigen Neuwied lag, in einer »Herrschaft Wollmerath« mit den Dörfern Wollmerath, Filz, Wagenhausen, Walterburg[67] und Winkel als Lehensherr eingesetzt worden sein. Denn schon ab 1241 ließen sich diese Grafen in Wollmerath durch Junker vertreten. Diese Junker, Vögte oder Ministeriale gehörten als »Beamte« des Lehnsherrn anfangs meist noch nicht zum Adel. Da die Herrschaft Wollmerath als Erblehen vergeben worden war, konnten auch die Junkerrechte und -pflichten vererbt und verkauft werden. Die Junker mussten vom Grafen zu Wied mit einem Lehnsbrief bestätigt werden und dem Lehnsherrn eine jährliche Geldabgabe zahlen. Gegenüber den Bauern jedoch war der Junker der Herr, Herr auch über ihre Höfe, oberster Gerichtsherr und politische Autorität.

Die Junker von Wollmerath, deren Namen von 1241 bis 1789 alle überliefert sind, ließen sich unterhalb der Kirche ein festes, durch umliegende Teiche geschütztes Wohnhaus bauen, das in der Chronik[68] »Weiherburg« genannt wird. Die romanische Kirche selbst bestand laut Chronik schon seit 1200. Oberhalb der Kirche ließen die Junker ein Gutsgebäude errichten, das als »Burg aufm Stöck« in den Urkunden auftaucht. Von dort wurden die Burggüter, das Junkerland, bewirtschaftet. Das weitere Land, die Lehnsgüter, wurde gegen Abgabepflicht an die Bauern vergeben. Die Bauten, die die Chronik als »Burgen« bezeichnet, waren allerdings wohl nur feste Steinhäuser im Gegensatz zu den Fachwerkhäusern der Bauern und wiesen keine Befestigungsanlagen auf.

Wann Filz zuerst urkundlich erwähnt wird, geht aus der Chronik nicht hervor. Es bestand im Mittelalter wahrscheinlich nur aus einem großen Herrenhof. In Kriegszeiten musste dieser Hof dem König einen Krieger mit

67 Im Dreißigjährigen Krieg untergegangener Hof bei Winkel.
68 Geschichte der Herrschaft und des Hochgerichtes Wollmerath. Chronik von Lehrer Schaefgen (1849–1886).

Harnisch und Pferd stellen. Vermutlich handelte es sich um einen freien Bauern, der nur dem König untertan war. Das gab es zu dieser Zeit nur noch höchst selten. Deshalb wurde im Filzer Dorfwappen stolz das Schwert aufgenommen, das während der Feudalzeit kein unfreier Bauer tragen durfte. Die Chronik erwähnt einen Gottesdienst, der 1592 in Filz abgehalten wurde, folglich muss hier in diesem Jahr auch schon eine Kapelle gestanden haben.

Die Untertanen waren im Mittelalter durch Abgaben, Pachtzahlungen und Frondienste stark belastet. Die Bauern mussten den zehnten Teil all dessen abgeben, was sie angebaut, aufgezogen oder sonst noch erwirtschaftet hatten: Korn, Hafer, Erbsen, Gerste, Linsen, Honig, Lämmer, Ferkel, Flachs, Hanf etc. Der Junker erhielt davon meist zwei Drittel und der Pastor ein Drittel. In jeder Herrschaft wurden diese Vorschriften anders geregelt. Dazu gab es noch Sonderabgaben in Form von Eiern, Gänsen, Hühnern, Hähnen. Wenn man bedenkt, wie wenig damals die Landwirtschaftstechnik entwickelt war, wie unfruchtbar der Boden dort auch heute noch ist, so kann man ermessen, wie sehr diese Abgaben ins Gewicht gefallen sind und in welch ärmlichen Verhältnissen die Bauern lebten. Es wird in den Familien wohl gerade mal für den unmittelbaren Lebenserhalt gereicht haben – und das auch nur, wenn keine Dürre oder Sturm die Ernte vernichtete.

Im Jahre 1597 wurde die Herrschaft Wollmerath an die Zandt zu Merl verkauft, eine schon zum niederen Adel aufgestiegene Ministerialienfamilie. In den Urkunden dieser Zeit wird Wollmerath »Wollmeroidt« genannt, was dem Namen einen französischen Klang geben sollte. In der Herrschaft Wollmerath gab es zu dieser Zeit ganze 23 Häuser[69] – es werden also in den fünf Dörfern kaum mehr als zweihundert Seelen gelebt haben.

69 Geschichte der Herrschaft und des Hochgerichtes Wollmerath. Chronik von Lehrer Schaefgen (1849–1886).

Mit dem Dreißigjährigen Krieg von 1618 bis 1648 begann eine fast zweihundert Jahre dauernde Epoche, die unsagbares Leid über die ohnehin schon schwer geprüfte Bevölkerung brachte. Zwischen 1625 und 1630 wütete die Pest in den Trierer Landen. Vermutlich aus Angst, dass seine Untertanen flüchten und er dadurch Einnahmeausfälle erleiden könnte, verbot der Junker das Verlassen der Herrschaft mit der Begründung, dass außerhalb der Herrschaft »böse, sterbende Luft« sei, die die Pest verursache. Viele wurden deshalb verurteilt: »Meister Eberhards Tochter zu Filz, mit Namen Margret, auch daselbsten zu Merl im Herbst gewesen.«[70] Ein Bericht des Kurfürsten über den Dreißigjährigen Krieg sagt zur Eifel: »Sie ist über zwei Teile ausgestorben. Die noch am Leben sind, haben das trockene Brot nicht.«

Im Jahre 1680 brach das romanische Schiff der Wollmerather Kirche ein, ohne dass eine Erneuerung vorgenommen wurde. Seit 1663 lebte der letzte Zandtsche Junker, Anton Heinrich Zandt, hier in der Weiherburg. Während der Eroberungskriege Ludwigs XIV. von Frankreich wurde dann auch die Wollmerather Weiherburg zerstört; die Chronik gibt dafür die Zeitspanne von 1675 bis 1685 an. Damals erlebte die Eifel unzählige Truppendurchzüge mit Einquartierungen, Kontributionen und Verwüstungen. Die Chronik berichtet, eine Frau aus Filz, Susanne Steinere, habe sich damals »aus Furcht und Schrecken nach Demerath geflüchtet und sich drei Wochen unter einer Bütte verborgen, dann sechs Wochen in einer Kammer in Filz versteckt.« Was hatte man dieser Frau angetan?

Im Jahre 1697 erbten die Barone von Landenberg die Herrschaft Wollmerath. Heinrich von Landenberg erhielt 1701 vom Grafen zu Wied die Bestätigung in Form eines Erblehnbriefes. Im selben Jahr nahm der neue Junker in Wollmerath die Huldigung und den Lehnseid der Bauern entgegen. Dies musste in einer Scheune stattfinden, da

70 Geschichte der Herrschaft und des Hochgerichtes Wollmerath. Chronik von Lehrer Schaefgen (1849–1886).

die Weiherburg zerstört war. Doch die Bauern waren nicht mehr dieselben wie vor hundert Jahren. Wenn sich auch an ihrem Leid nicht viel geändert haben dürfte, so waren ihre Gedanken und Vorstellungen doch selbstbewusster und radikaler geworden. Die Jahrzehnte zuvor, die Kriege und Truppendurchzüge, hatten die Obrigkeit geschwächt und die politische Ordnung durcheinandergewirbelt. So war etwa in der Herrschaft Wollmerath von 1686 bis 1702 kein Hochgericht mehr abgehalten worden. Die Chronik vermerkt: »Also in den sechzehn Jahren ein jeder getan hat, was und wie er gewollt.« Doch dieses so beschriebene Chaos wird wohl nur für den Junker bestanden haben, der weder Abgaben erhielt noch gerichtlichen Zugriff auf die Bauern hatte. Die Bauern dagegen werden in dieser Zeit ihre Belange selbst geregelt haben, was vermutlich ihr Selbstbewusstsein gestärkt hat. »Nach dem Ende dieser Kriege zeigte sich im Allgemeinen ein anderer Zeitgeist in allen Schichten des Volkes, welcher am Schlusse des 18. Jahrhunderts zum Ausbruch kam«, heißt es in der Chronik. »Der sanften und milden Verwaltung der Zandt folgten die etwas heftigeren Junker von Landenberg. Es war nun ein Sinn unter den Untergebenen erwacht, zu versuchen, die Leibeigenschaft abzuschütteln und sich kein Schlagen, Zupfen und Rupfen gefallen zu lassen.« Die Bauern protestierten gegen die eingeforderte Huldigung und die Leistung des Lehnseides gegenüber den Landenbergs und verfassten eifrig Klageschriften an den Trierer Erzbischof. Gegen die Bezeichnung ›Leibeigene‹ und ›Untertanen‹ »protestierten die Leute 1709 im allgemeinen Aufstand.« Die Burg aufm Stöck wurde gestürmt und geplündert. Wer die Wollmerather, Filzer und Wagenhausener von heute kennen gelernt hat, vermag sich kaum vorstellen, wie renitent und radikal ihre Vorfahren damals gegen die Obrigkeit vorgegangen sind. Sie waren in ihrer rebellischen Haltung so beharrlich, dass der Erzbischof 1777 den Landenbergs schließlich untersagte, »fortan Huldigung und Vereidigung der Einsassen vorzunehmen.«

Die Trierer Erzbischöfe hatten seit dem Mittelalter ihren Einfluss auf die Herrschaft Wollmerath geschickt ausgebaut und schon früh durch Kauf oder Tausch die Oberherrschaft über diesen Gerichtsbezirk übernommen, obwohl die Junker immer noch von den Grafen zu Wied bestätigt wurden. Im 18. Jahrhundert, als die Feudalherren mehr als bisher Wert auf prunkvolle Hofhaltung legten und ihre Kosten enorm stiegen, erhöhten auch die Bischöfe die Abgaben, die ja noch zu den bisherigen Zehntabgaben an die Junker hinzukamen. In realistischer Einschätzung der Lage werden sich die Wollmerather Bauern gedacht haben, dass sie eher den Junker abschütteln könnten als den Bischof. Und so ließen sie keine Gelegenheit aus, ihn beim Bischof zu diskreditieren und in seinem Handlungsspielraum immer mehr einzuengen. Als nach 1730 auch in Wollmerath die Kartoffel als Grundnahrungsmittel angepflanzt wurde, dauerte der Streit darüber, ob diese zehntabgabepflichtig sei, sieben Jahre. Und als es gegen Ende des Jahrhunderts nach dem Brand der herrschaftlichen Bierbrauerei in Wollmerath auch den Bauern erlaubt wurde, ihr eigenes Bier zu brauen, versuchte der Junker wieder, auch dafür Abgaben zu erheben. Durch Klageschriften erreichten die Bauern, dass ihm das verboten wurde. Der Erzbischof scheint bei dem Streit auf der Seite der Bauern gestanden zu haben, denn er konnte, war der Junker einmal vertrieben, seine eigenen Abgaben kräftig erhöhen.

Offenbar resignierten die Landenbergs schließlich im Jahre 1789 und verkauften alle ihre Burggüter an die Wollmerather Bauern, die sich das leisten konnten, die Lehnsgüter aber blieben erblich den damaligen Besitzern. Ein Landenberger wurde 1742 in der Wollmerather Kirche beigesetzt. Die Grabplatten von ihm und seiner Frau sind heute neben dem Hochaltar zu sehen.

Zwischen 1709 und 1727 hatten sie noch die »Burg aufm Stöck« ausgebaut und vermutlich auch um ein repräsentatives Wohngebäude verstärkt. Im Jahre 1732 war auch die Pfarrkirche erneuert worden; Ausschmückungen und Altäre verliehen ihr nun ein barockes Gepräge, während der romanische Turm beibehalten wurde.

Zwar blieb nach 1789 für die Wollmerather Bauern die feudale Abhängigkeit von Trier bestehen, aber nach 548 Jahren standen sie nun endlich nicht mehr unter der Fuchtel der Junker. Einige Jahre später beseitigten die französischen Revolutionsheere die feudale Ordnung im Rheinland gänzlich. Fast der gesamte Adels- und Klosterbesitz wurde enteignet und meistbietend an Bürger und Bauern verkauft. Die Adligen, die ihre Bauern über Jahrhunderte unterdrückt hatten, wurden verjagt, und ein Ulmener Chronist berichtet davon, welch großen Widerhall die Ideen der Französischen Revolution in den hiesigen Dörfern fanden.[71] Die preußischen Geschichtsbücher allerdings sprachen später nur noch von französischen Eroberern, Unterdrückern und schließlich »Erbfeinden«.

Doch mit der Befreiung vom feudalen Joch sank Wollmerath in die Bedeutungslosigkeit. Verwaltung und Gerichtsbarkeit wurden nach Lutzerath verlegt, die »Burg aufm Stöck« wurde 1810 bis auf ein Wirtschaftsgebäude abgerissen, das Material verwendete man zum Bau Wollmerather Bauernhäuser. Auch die Pfarrei, die vor 1803 noch die Dörfer Wollmerath, Filz, Wagenhausen, Demerath, Winkel, Immerath, Strohn, Mückeln und Walterburg umfasste, bestand zu Zeiten meiner Großmutter nur noch aus den Dörfern Wollmerath, Filz und Wagenhausen.

*(empfohlen sei auch eine Chronik von 1993 unter: www.wollmerath.de)*

71 Peter Kreuz: Kleine Chronik des Eifelortes Ulmen, 1964.

# NACHWORT

Ende der 1950er Jahre lebten nur noch Heinrich und Gertrud Müllen auf dem Filzer Hof. Gertruds Eltern waren gestorben, die Kinder auswärts verheiratet. Um die Zukunft des Hofes zu sichern, zogen meine Eltern nach Filz. Mein Vater, ein gelernter Werkzeugmacher, fand schnell Arbeit auf dem nahegelegenen Militärflugplatz. Bis Anfang der 1960er Jahre blieb er Arbeiter-Bauer. Doch schon Anfang der 1960er Jahre wurde der als Nebenerwerb betriebene Hof als Verlustgeschäft aufgegeben. Das Land wurde an die expandierenden Großbauern verpachtet, später verkauft. Mein Großvater Heinrich war fortan am glücklichsten, wenn er Verwandten oder Nachbarn auf dem Feld helfen konnte. Meine Großmutter Gertrud behielt weiterhin ihre Funktion in Haushalt und Familie und konnte ihre körperlichen und geistigen Kräfte bis ins hohe Alter bewahren. Beide waren auf die Unterstützung ihrer Kinder angewiesen, denn von ihrer knappen, mit Mühe zusammengesparten Rente konnten sie nicht alleine leben. Sie gehörten zur letzten Generation, die noch auf das Alterssicherungssystem der alten, auf Selbstversorgung basierenden Gesellschaft angewiesen waren: die Großfamilie. Meine Eltern dagegen benötigen durch Bezug einer ausreichenden Rente die Hilfe ihrer Kinder nicht mehr. Sie sind freier und isolierter zugleich.

Diesen grundlegenden, alle Bereiche des Lebens umfassenden Umbruch in den 1950er und 1960er Jahren hat Gertrud Müllen miterlebt und ausführlich geschildert. Auch in der Gegenwart stehen wir vor grundsätzlichen, das ganze Leben verändernden Umbrüchen. Auch heute müssen wir wieder stärker auf eine nachhaltige Herstellung und den wirklichen Gebrauchswert eines Produktes achten und nicht nur auf den Tauschwert, den Preis. Produktion und Konsum müssen eingepasst sein in die Möglichkeiten einer Landschaft. Und der Verbrauch muss sich wieder mehr am unbedingt notwendigen orientieren.

Alles das und noch einiges mehr ist entscheidend, wenn wir nachhaltig auf der Erde leben wollen. Mit Blick auf diese aktuellen Notwendigkeiten merken wir, dass die Wirtschaftsweise unserer Großeltern davon gar nicht so weit weg ist, dass ihr weiter und widerspruchsvoller Weg hin zum Markt und unsere mehr als widersprüchliche Reise weg vom Markt so manche Gemeinsamkeit aufweisen und dass auch ein wenig mehr Stolz auf Leben und Arbeiten unserer Großeltern angebracht ist. Wenn dieses Büchlein einen Beitrag zu einer solchen Versöhnung leisten könnte, wäre das der Erfolg, den sich die Herausgeber wünschen.

# LEBENSLAUF

| | |
|---|---|
| 1905 | Geburt von Gertrud Dohr in Filz |
| 1914 | Umzug in das neue Haus in Filz |
| 1911–1916 | Schulbesuch ohne Freistellung |
| 1917–1919 | Schulbesuch mit Freistellung von Ostern bis Allerheiligen |
| 1927 | Gertrud lernt Heinrich Müllen aus Lutzerath kennen |
| 1928 | Heirat von Gertrud und Heinrich Müllen sowie Gertruds Umzug nach Lutzerath ins Elternhaus von Hein |
| 1934 | Umzug in ein leerstehendes Haus in Lutzerath |
| 1929–1947 | Acht Schwangerschaften, nur drei Kinder werden erwachsen |
| 1940–1947 | Heinrich Müllen im Krieg, auf Heimaturlauben und in Kriegsgefangenschaft |
| 1947 | Umzug der Familie nach Filz in Gertruds Elternhaus |
| 1964 | Beendigung der landwirtschaftlichen Tätigkeit und Betriebsauflösung |
| 1985 | Heinrich Müllen stirbt |
| 1995 | Gertrud Müllen stirbt |

… abwärts schlagen wir jetzt den schmalen, mitunter steilen Fußweg ein, der an der gelb angestrahlten Ruine vorbei durch den Weinberg direkt in die Stadt führt. … dann kann man, wenn man die Augen schließt, die leise Melodie besser hören, gespielt von den vielen Instrumenten dieses Ortes – oft harmonisch und beruhigend, manchmal streitend und fordernd. Das Graacher Tor mit seinem manchmal warm und einladend und dann wieder traurig klingenden Saxophon bildet den Widerpart zur Burgruine direkt über uns, die … trompetet, während die leise Querflöte des Nikolaus-Hospizes immer wieder besänftigend eingreift, wenn die aus den vielen schmalen Fachwerkhäusern bestehende Tastatur des Marktplatzklaviers allzu fröhlich und schunkelnd daher klimpert. Nur wenn alle anderen etwas leiser werden, hört man zarte Geigen von außerhalb der Stadt. … Dort sitzen die adligen, ehrwürdigen Streicher vom Bernkasteler Doktor dicht gedrängt. … sie … spielen … nur für sich die Melodie ihres berühmten Weines. Vom anderen Ufer lässt die … Laute des Nikolaus-Hauses die weisen Gedanken des dort geborenen Philosophen bis auf den Grund des Tales erklingen, wo sie sich verbinden mit dem tiefen, brummenden Bass der Moselberge, dem stillen Orgelrollen des unermüdlich arbeitenden Flusses.

*Das ist die Bernkasteler Melodie. Doch wie die Beziehung zu einem Freund, so kann auch diese Melodie nur der hören, der sie sich erarbeitet, der bereit ist, sich mit der Landschaft auseinanderzusetzen. Auf dem Markt kaufen kann man sie nicht.*[72]

*Wolfgang Weil*

72 Herbstliche Moselfahrt – Auseinandersetzung in einer Landschaft; 1991; S. 65.

*Gertrud Müllen, 23 Jahre alt (1928)*